Narciso em férias

CAETANO VELOSO

Narciso em férias

2ª reimpressão

COMPANHIA DAS LETRAS

Copyright © 2020 by Caetano Veloso

Grafia atualizada segundo o Acordo Ortográfico da Língua Portuguesa de 1990, que entrou em vigor no Brasil em 2009.

Capa
Claudia Warrak

Imagens de capa e miolo
Arquivo Nacional/ Fundo Conselho de Segurança Nacional/
BR DFANBSB N8.0.PRO.CSS.0313

Pesquisa iconográfica
Lucas Pedretti Lima

Preparação
Márcia Copola

Revisão
Angela das Neves
Huendel Viana

Dados Internacionais de Catalogação na Publicação (CIP)
(Câmara Brasileira do Livro, SP, Brasil)

Veloso, Caetano
 Narciso em férias / Caetano Veloso. — 1ª ed. — São Paulo : Companhia das Letras, 2020.

 ISBN 978-85-359-3225-6

 1. Compositores – Brasil – Biografia 2. Ditadura – Brasil 3. Experiências de vida 4. Memórias 5. Tropicalismo (Música) – Brasil 6. Veloso, Caetano, 1942 – I. Título.

19-24870   CDD-780.9281

Índice para catálogo sistemático:
1. Brasil : Compositores : Histórias de vida   780.9281

Maria Alice Ferreira – Bibliotecária – CRB-8/7964

[2021]
Todos os direitos desta edição reservados à
EDITORA SCHWARCZ S.A.
Rua Bandeira Paulista, 702, cj. 32
04532-002 — São Paulo — SP
Telefone: (11) 3707-3500
www.companhiadasletras.com.br
www.blogdacompanhia.com.br
facebook.com/companhiadasletras
instagram.com/companhiadasletras
twitter.com/cialetras

À memória de meu pai, José Telles Velloso

*À memória de minha amiga
Maria Esther Stockler*

A minha irmã Irene

Sumário

APRESENTAÇÃO, 9

NARCISO EM FÉRIAS, 15

ARQUIVO, 137

Apresentação

Quando penso no número de pessoas que morreram em prisões brasileiras a partir de 68 (e que foi pequeno se comparado ao número de vítimas argentinas ou chilenas da década seguinte); quando penso nos que sofreram tortura física, ou nos que foram expulsos do país em 64 e só puderam voltar na anistia em 79, concluo que minha prisão de dois meses foi um episódio que nem sequer mereceria referência. Muitos dos que sofreram maiores maus-tratos — ou que foram presos mais vezes e por mais tempo — passam rápido pelo assunto, muitas vezes em tom de descaso. [...] As muitas páginas que aqui dediquei ao episódio da prisão se explicam por ser este um livro sobre a experiência tropicalista vista de um ângulo muito pessoal meu. E se justificam por revelar o quanto eu era psicológica e, sobretudo, politicamente imaturo.

O trecho acima abre o capítulo que se segue, no livro *Verdade tropical*, ao que leva o título "Narciso em férias", que aqui ressurge, separado, na forma de livro autônomo. Introduzi-lo com essas ressalvas parece-me adequado e mesmo necessário, uma vez que, apesar de esse ser o capítulo dentre os daquela longa história da passagem do tropicalismo por mim e minha por ele que me parece mais satisfatório do ponto de vista literário, a importância dada aos fatos narrados é mesmo — e ainda hoje parece — desproporcional. Não quero absolutamente ratificar as palavras duras e erradas do jornalista Pedro Alexandre Sanches, que sugeriu ser minha exposição do sofrimento sob a ditadura uma jogada de autopropaganda. Nem mesmo corroborar o raciocínio que levou o crítico literário Roberto Schwarz a fazer a pertinente (ainda que tendenciosa) pergunta: por que surpreender-se com a resposta violenta da repressão quando foram feitas tantas e tão gritantes provocações? O então jovem jornalista mostrava ressentimento. Talvez ele sinceramente considerasse imerecido o prestígio de que desfrutamos, por não ver tanto valor artístico no que fazemos, o que é de seu direito. Nada justifica a desconfiança moral que sua sugestão indica. Quanto a Schwarz, sempre me pareceu que sua eleição da suspicácia frankfurtiana de Adorno nunca se harmonizaria bem com o respeito intelectual que meu livro, surpreendentemente, mereceu a seus próprios olhos. É curioso que o estilo da prosa o entusiasme quando narro eventos de minha primeira juventude, período em que eu, sem suficiente capacidade crítica, aderia à onda de esquerda dominante em meu meio, e deixe de poder encantá-lo à medida que tal capacidade cresce — o que culmina em negar o valor do capítulo que ora vira livro, em exato desacordo com minha própria apreciação. Não. Ao abrir esta apresentação com o parágrafo que comenta, com exigência psicológica e política, o texto que vem a seguir, não confirmo o que disseram ou insinuaram o pequeno jornalista e o grande crítico. Ao contrário, refuto ambos ao relembrar que o texto que agora eu mesmo convenci os editores a publicarem em separata, eu o publiquei juntamente com a observação de que não me iludia quanto à sua força denunciadora ou seu poder combativo. Não que o considere nulo quanto a esses aspectos: a minuciosa narração que revela o caos organizacional e legal da ditadura; a descoberta, por experiência física e emocional, e não por leitura de dados estatísticos, de traços fundos deixados em nossa sociedade pela escravidão; a decifração de mecanismos psicológicos complexos a que acedi a partir do encarceramento, são conteúdos que justificam, a meu ver, a publicação desse texto como um trabalho enriquecedor do acervo crítico do leitor brasileiro. Ele é também uma construção literária em que encontro razões para satisfação estética. Sobretudo, parece-me que este, que é meu escrito a que atribuo maior valor, entra na cena atual da vida política brasileira de modo abrasivo. Que toda ou todo jovem que sabe ler possa tê-lo nas mãos é algo que salva o fato de minha existência pessoal ter se tornado um assunto público.

Narciso em férias

O dia já estava nascendo e eu ainda não tinha conseguido dormir quando os agentes da Polícia Federal chegaram para me prender. O som da campainha em hora tão inesperada provocou maior irritação do que surpresa. Eu estava sob as cobertas e justamente ingressava num estado em que a entrega ao repouso parecia começar a se tornar possível; em que projetos entusiasmantes, medos inexplicáveis, alegrias inoportunas — e a costumeira inveja de Dedé que, como sempre, adormecera tão facilmente ao meu lado — começavam a se dissolver na doce aceitação do esquecimento de tudo, disfarçada em atenção concentrada numa imagem ilusoriamente nítida, numa lembrança enganosamente verídica ou numa ideia simuladamente precisa — em suma, experimentava a sensação de estar prestes a adormecer — quando a campainha soou. Ou melhor: o som da campainha me pôs de repente consciente de que esse processo usual estava em curso. Como não era a primeira vez que isso se dava naquela noite (eu já tinha me aproximado do sono algumas vezes, mas campainhas internas tinham disparado — na forma de regozijo por pensar que afinal estava adormecendo, ou na forma do mero medo de adormecer, ou ainda na forma da inadequação, como indutor do sono, de algum aspecto da imagem, ideia ou lembrança convidada), pensei depois, e frequentemente penso ainda hoje, que, se a polícia não tivesse ido me buscar, eu talvez tivesse adormecido exatamente naquele momento, o que deixa em mim uma impressão de ter experimentado o gosto secreto do destino.

Hilda, a empregada paraibana de quem tanto gostávamos, veio até a porta do nosso quarto para dizer, confusa e embaraçada, que havia uns homens querendo falar comigo. O sentimento que me dominou, ao chegar à sala e encontrar os policiais, foi de impaciência: vi-me diante de um incômodo que prometia durar um bom par de horas. Havia algo estranho no modo nervoso como aqueles homens sorriam, e a amabilidade exagerada não deixava de trair uma promessa de agressão. Pouco depois entendi que eles estavam na dependência da minha reação para decidir sobre sua conduta: qualquer tentativa de fuga ou resistência encontraria resposta imediata numa destreza e numa violência que estavam apenas cobertas por um tênue verniz de polidez. Eles diziam que as autoridades militares queriam me fazer algumas perguntas, e eu, muito mais ingênuo do que eles podiam imaginar, acreditei. Parecia-lhes pouco provável, no entanto, que alguém levasse tal eufemismo ao pé da letra, e, enquanto eu tentava conseguir detalhes sobre o que ia se passar, eles iam abandonando relutantemente a expectativa de que talvez eu reagisse a uma prisão que nem sequer sabia que estava se efetuando. Um deles, então, fez uma sugestão que primeiro me pareceu estapafúrdia mas logo me encheu de medo: "É melhor você levar sua escova de dentes". Ainda tentei pedir explicações para esse conselho, mas eles deram mostras de que já não queriam perder tempo.

Uma repetida referência ao encargo de, ao saírem dali, irem buscar Gilberto Gil em casa dele me trouxe à lembrança o fato de Gil estar possivelmente dormindo em algum outro cômodo do meu próprio apartamento. Ele começava um namoro com Sandra, a irmã mais velha de Dedé que tinha vindo da Bahia passar umas semanas conosco, e nós tínhamos ido deitar deixando os dois a sós na sala. Talvez a caminho do banheiro em busca da escova, decidi com Dedé que seria bom ela avisar Gil. Tenho certeza de que pedi a ela que o aconselhasse a voltar para sua casa e esperar os policiais lá. Gil morava numa extremidade da praça da República, que pode ser considerada uma continuação da avenida São Luís, onde fica o prédio em que Dedé e eu vivíamos. Para ir a pé do meu prédio ao dele era preciso somente atravessar a avenida Ipiranga e andar meio quarteirão. Por alguma razão, pareceu-me que os policiais considerariam suspeito o fato de um dos elementos que eles tinham saído para buscar estar na casa do outro. Mas não estou seguro dos motivos que me dei para, em vez de sugerir ao Gil que sumisse, aconselhá-lo a ir para seu apartamento esperar a prisão. De todo modo, foi com um recado nesse sentido que Dedé foi ao seu encontro onde quer que ele estivesse dentro do meu apartamento, e ele saiu sem que os policiais sequer notassem o nosso esforço de comunicação.

É claro que nem Gil nem eu imaginávamos que seríamos presos. Não havia expectativa de que nada de grave pudesse acontecer conosco. Exceto o aviso feito pelo humorista Jô Soares e aquela profecia saída da boca de um conhecido supostamente em transe e que nos tinha sido relatada meses antes por Roberto Pinho (profecia esta que afinal se revelou assustadoramente precisa quanto às datas e às circunstâncias), nós não tínhamos muito por que pensar que os militares quereriam nos prender. Estávamos tão habituados a hostilizações por parte da esquerda, éramos tantas vezes acusados de alienados e americanizados, que, quando me vi diante daqueles policiais, imaginei que me estavam levando para uma conversa com algum oficial de São Paulo, o qual nos trataria como rapazes interessados apenas em divertir o público, e, no máximo, exigiria explicações sobre nossa participação na famosa passeata dos 100 mil. Essa passeata contara com a quase totalidade da classe artística brasileira, de modo que não nos seria difícil explicar nossa adesão como resultado de uma natural pressão de grupo.

Mas quando decidi mandar dizer a Gil que fosse para casa esperar a Polícia Federal, a sugestão de levar a escova de dentes já me tinha sido feita. E eu já estava com medo. Não era, de modo nenhum, um medo que correspondesse ao tamanho do que de fato estava começando a acontecer. Mas era suficientemente grande para me fazer ver à frente longos momentos de desconforto, dos quais estava em minhas mãos poupar Gil. Em nenhum momento, até que nós estivéssemos presos e em péssimas condições, me ocorreu, de fato, fazer isso. Eu tinha a firme certeza de que era perfeitamente natural que Gil vivesse tudo aquilo junto comigo.

Essa certeza pareceu-me menos firme diante da situação tão pouco natural que se estabeleceu à porta do prédio de Gil, com os policiais preparando-se para a eventualidade de este não estar em casa ou de, diferentemente de mim, reagir à prisão. De dentro da caminhonete em que eles me trouxeram até ali, eu procurava não deixar escapar nada — nem um gesto, nem um olhar — que revelasse meu conhecimento do fato de que ele estava em casa e que viria em boa paz. A sensação de que eu liderava a cena falsa da chegada de Gil à caminhonete, quando ambos fingimos que não nos tínhamos sequer visto na noite anterior, foi o auge do meu mal-estar, mas isso não chegou a me fazer ver que eu tinha tido o poder de poupá-lo e, portanto, o dever de pelo menos tentar fazê-lo. No entanto, como nossa combinação tinha se dado através de Dedé — e, portanto, eu ainda não tinha visto Gil desde que tudo começara —, vê-lo surgir à porta do edifício me fez sentir como se eu é que estivesse trazendo os policiais para prendê-lo. A estranheza que causava a visão do centro de São Paulo àquela hora da manhã intensificava a vertigem, e tudo em mim se perguntava o que estávamos fazendo naquela cidade, naquela profissão, naquela vida. Gil andando pela calçada vazia em direção à caminhonete; os homens que tinham ficado em minha guarda comentando entre aliviados e decepcionados que ele também não tinha resistido à prisão ("Pronto, vamos"); eu próprio olhando através do vidro — tudo parecia estar sendo visto de fora e de longe por uma consciência minha muito límpida e muito limitada. Eu como que via tudo com uma clareza exagerada e, no entanto, não era capaz de ir longe em nenhum tipo de encadeamento de ideias: não me ocorreu que talvez fosse melhor para Gil que ele fugisse e, no fundo, como eu agia por medo, fantasiava vagamente que eu o impedia de ter, ele próprio, essa ideia. De todo modo, ainda hoje sinto que estava naquele momento mais cônscio do que Gil de que nós estávamos correndo um risco maior com os militares da direita do que as agressões dos estudantes da esquerda nos teriam permitido imaginar. Tempos depois, quando ouvi contar como nosso colega Geraldo Vandré — contra quem o ódio dos militares era ilimitado por causa de uma sua canção que aparentemente os desrespeitava — conseguiu fugir, esconder-se e, finalmente, sair do país sem que a repressão lhe tocasse um dedo, pensei que, na verdade, *eu* tinha prendido Gil.

*　*　*

Estávamos numa caminhonete robusta, na companhia daqueles homens a quem nunca tínhamos visto e cujas maneiras e aparência eu nunca imaginara que viesse um dia a ver de perto. Nenhum deles usava farda ou qualquer outro signo exterior que revelasse sua função. Tampouco a caminhonete era uma viatura de polícia que pudesse ser reconhecida como tal. Isso emprestava aos seus modos decididos mas vulgares um ar sinistro. Depois de rodarmos por muito tempo por ruas de São Paulo, vimo-nos pegando uma grande estrada. Quando pedimos explicação para esse fato, eles nos disseram com rudeza que não tínhamos o direito de fazer perguntas. Mas conversavam entre si sem procurar esconder o fato de que rumávamos para o Rio. Naturalmente eles tinham me mostrado carteiras de policiais ao falar comigo em meu apartamento. Mas eu apenas fingi que olhei: não tinha me ocorrido pôr em dúvida a legitimidade daquela visita; eu tinha mais que tudo pressa de que o episódio terminasse, e, de todo modo, não saberia reconhecer a autenticidade de um documento de identificação de policial. Assim, nós nos sentíamos como vítimas de um sequestro comum, embora de certo modo soubéssemos que estávamos exatamente inaugurando um período em que, no Brasil, cada vez mais pessoas sentiriam medo das autoridades e não dos delinquentes, culminando com o refrão de Chico Buarque nos anos 70: "Chame o ladrão!".

Mal entramos na estrada, adormeci sem que precisasse me distrair ou enganar para isso. Quem leu os períodos acima pode ter se perguntado com um riso de mofa, em face das longas digressões sobre o sono (que juro ter me esforçado para reduzir ao mínimo), se afinal era Marcel Proust quem aqui relatava sua prisão. Anos antes dessa manhã em que fui preso, Rogério Duarte me disse, com aquele seu poder de me impressionar, que não sei quem tinha dito que a primeira regra para escrever bem era não imitar Proust. Eu não tinha lido Proust então e nem mesmo pensava em fazê-lo. Foi um deslumbramento quando o fiz e esse deslumbramento dura até hoje. Não teria a coragem de sequer pensar que ousaria tentar imitá-lo. Mas acontece que gosto dos períodos longos e, na verdade, acho que não sei me expressar, mesmo em conversas, de outra maneira. E o tema do sono, da dificuldade de dormir, das sutilezas do adormecer, se é relevante para a apreciação de todos os aspectos da minha vida, é fundamental para a narrativa deste episódio da prisão. Adormeci ao lado de Gil, no banco de trás da caminhonete da Polícia Federal, de um modo irresistível e incontrolavelmente agradável, o que, apesar de eu gastar muitas horas todas as noites na cama tentando conciliar o sono, não me era desconhecido absolutamente. Muitas vezes, no fim da tarde ou, já manhã avançada, depois de ter desistido de tentar dormir, eu via coincidirem em mim a certeza e o desejo de adormecer. Aproximar a ideia de dormir da ideia de morrer é um lugar-comum. Mas é incomum que alguém confunda essas coisas a ponto de tornar-se incapaz de encontrar prazer em saber que, cansado e sonolento, tem o tempo, o espaço e o conforto necessários para um longo sono que lhe reafirmará a vida. Fui um bebê que não queria dormir: minha mãe conta — e, na verdade, eu bem me lembro — que permanecia excitado e atento a tudo o que se passasse e, mais que isso, a tudo o que pudesse vir a se passar. Sempre achei difícil acreditar que eu, o mesmo que estava ali lúcido falando, ouvindo, agindo e pensando, estaria, dali a alguns minutos, inconsciente, sendo visto sem ver, ouvido sem ouvir, presente para os outros e ausente de mim. Por muitos anos atribuí isso a um apego à vida desperta, à vigília e à consciência. "É muita perda de tempo, dormir", dizia. E, embora muitas vezes fosse tomado, na cama, por uma angústia surda que me deixava gelado, e, mais frequentemente ainda, por pensamentos carregados de uma ansiedade que não se manifestava à luz do dia, eu não atribuía conscientemente ao sono um caráter mórbido. Dormir me parecia antes "chato" do que terrível. Mas era como algo terrível que eu vivia a aproximação da hora de ir deitar. Viciei-me, desde menino, a iniciar, tão logo estivesse na cama, uma longa sessão de pensamentos: fantasias dirigidas, planos, meros jogos lógicos, apreciação retardada de atos e palavras meus e dos outros etc. De modo que nunca me deitava *para dormir*, e sim para entregar-me a uma demasiadamente ativa "vida interior". Lembro que Rodrigo, meu irmão mais velho, às vezes adormecia na mesa do jantar sem terminar de tomar o café. E Nicinha, às dez horas da noite, em plena praça da Purificação durante as festas da padroeira, comentava com delícia que estava caindo de sono e que, de tanto desejo de dormir, via sua cama "passar diante dos olhos". Eu a um tempo invejava e desprezava essas pessoas capazes de antegozar algo que me parecia um estorvo. Mas não desconhecia de todo o prazer do sono: em horas impróprias, ou melhor, quando não havia o compromisso de adormecer, sempre foi possível saborear a aceitação do repouso, inclusive com a consciente indagação sobre por que não acontecia assim nas horas convencionais. Foi assim que aconteceu na caminhonete da polícia — e eu dormi todas as cerca de cinco horas de viagem de São Paulo até o Rio. Com uma única interrupção para o almoço num restaurante de estrada de que, embora tenha tido tudo para ser uma cena de grande relevância — pois Dedé, que seguira a caminhonete, conseguiu dos policiais que nos deixassem almoçar juntos numa mesa separada da deles —, guardo uma lembrança mortiça, como se todos os meus atos ali fossem os atos de um sonâmbulo. Isso ganhou maior significado por eu não ter tido nenhum tipo de insônia — ao contrário — durante todo o período da prisão, como contarei depois.

Acordei ao chegarmos ao pátio de estacionamento da Polícia Federal no Rio. Não lembro com clareza quase nada desse dia. Só sei que ficamos ali até depois de o sol se pôr. E que começamos a ficar impacientes para saber quem nos interrogaria e quando. Os homens que nos tinham vindo buscar simplesmente desapareceram. E só víamos caras novas que, com risos ou grosserias, desencorajavam qualquer pergunta da nossa parte. Tenho a vaga lembrança de ter visto uma moça que eu conhecia da casa de Macalé, de quem ela era vizinha de prédio em Ipanema, e da surpresa desagradável por sabê-la da Polícia Federal. Possivelmente ela exercia um cargo meramente burocrático ali, mas a presença entre os meus algozes de uma moça que eu vinculava a outro tipo de ambiente dava um ar ainda mais sombrio aos acontecimentos. Na verdade, não sei se foi nesse dia da chegada ou se foi quando passamos pelo mesmo estabelecimento no caminho de volta, dois meses depois, que vi essa vizinha de Macalé. Mas lembro que pensei com desagrado sobre alguma coisa pouco clara que se dizia dela, envolvendo sangramentos por todo o corpo durante as menstruações. Isso me volta à memória com assiduidade ainda hoje, compondo a confusa lembrança da central carioca da Polícia Federal, onde Gil e eu passamos o dia sentados lado a lado em cadeiras, primeiro numa sala grande cheia de agentes atarefados, depois nalguma sala menor cuja porta era guardada por dois policiais. Mas era mesmo uma sala, talvez com carteira e armários, não era uma cela.

Só à noite fomos conduzidos a uma outra viatura que nos levaria não nos diziam aonde. As primeiras fardas que vi mudaram o tom das coisas em minha cabeça. Senti-me a um tempo mais seguro e mais amedrontado: por um lado, via que os policiais à paisana não mentiram sobre estarem obedecendo a ordens militares, o que tirava a impressão de sequestro e, sobretudo, fazia renascer a esperança de que afinal íamos ser interrogados; por outro lado, a visão de soldados fardados portando armas grandes e negras, o próprio tom escuro dos uniformes, e, mais que tudo, os semblantes impenetráveis (os olhares e os gestos dos federais pareciam amigáveis em comparação), tudo instaurava uma atmosfera lúgubre e, pela primeira vez, tive a impressão de estar num pesadelo. Era realmente terrível que fosse noite.

Os civis sumiram. Fomos entregues a soldados cujos gestos ríspidos, combinados com as caras fechadas, deixavam claro que não havia diálogo possível. A própria homogeneidade da roupa dá aos militares uma aparência (e não só aparência) de entidade extra-humana. Estávamos no prédio do antigo Ministério da Guerra, sede do I Exército, bem no centro do Rio, ao lado da estação de trens da Central do Brasil, na avenida Presidente Vargas. Passamos por algumas situações intermediárias, das quais nada lembro, antes de sermos colocados na sala de um general que deveria ocupar um alto posto no I Exército, talvez um homem de grande poder dentro do novo período em que entrava a "Revolução". Lembro de um elevador em que fomos levados por soldados armados até o andar onde ficava essa sala. Puseram-nos ali sem nos dizer uma palavra. Apenas indicaram cadeiras encostadas à parede, onde sentamos lado a lado. A sala era grande, atapetada, mobiliada com o que exigiria uma descrição nos termos algo paradoxais de austera pompa. Estávamos exatamente de frente para uma grande mesa de jacarandá à qual sentava-se o general. A visão era frontal mas afastada, pois a mesa ficava no outro extremo da sala. De modo que o espetáculo do general calado e sério atrás de sua mesa ganhava, do nosso ponto de vista, um ar teatral. Esperamos que aquilo fosse, afinal, ser o interrogatório, embora já tivéssemos começado a perder a cabeça com as esperas inexplicadas, e já pressentíssemos que estávamos sendo roubados às nossas vidas. O general, de fato, passou muito tempo olhando fixamente para nós, sem dizer uma só palavra ou esboçar o menor gesto. Na verdade, se se tratasse do interrogatório, seria preciso um considerável esforço vocal de todos para que a comunicação entre ele e nós se desse, dada a distância que nos separava. Mesmo na lembrança, o tempo que ficamos nos olhando em silêncio parece uma eternidade. Seu primeiro movimento, quase imperceptível, depois desse longo confronto mudo — que, tenho certeza, não durou poucos minutos —, foi o de apertar um botão que fez soar uma campainha nalgum lugar de onde veio um soldado a quem ele falou sem que ouvíssemos. Passaram-se mais muitos intermináveis minutos antes que chegassem dois soldados trazendo bandejas com o jantar do general. Era galinha. Ele fez calmamente sua refeição na nossa frente, como se estivesse num palco. Ou melhor, a disposição da cena e a distância entre os espectadores e o ator sugeriam isso, mas, na verdade, o general portava-se com grande sobriedade e concentração, como se estivesse sozinho, sem, no entanto, deixar de, por vezes, olhar-nos de relance mas com tranquila firmeza. Dir-se-ia que ele desempenhava meticulosamente o papel da solidão despreocupada, entremeando-o de acenos discretos aos assistentes, como se dissesse: "Eu sei que vocês estão aí e me é indiferente a sua presença quanto a sentir-me à vontade para comer, mas é significativo que vocês me vejam fazer isso e que nada possam dizer a respeito: isto aqui diz tudo sobre nossas relações e muito sobre a condição em que vocês se encontram de agora em diante". Nós sentimos apenas cansaço.

Não achamos ridículo, nem nojento, nem cômico, nem odioso: achamos chato. Tampouco tivemos fome ou inveja do general. Estávamos cansados de tantos incômodos incompreensíveis. Queríamos uma trégua do absurdo: que alguém falasse conosco, ou nos levasse a algum lugar para que pudéssemos dormir. Já não nos arriscávamos a pôr em jogo a esperança de voltar logo para casa: essa era uma ansiedade que nossas mentes não podiam aguentar. O general acabou de jantar, tocou de novo a campainha, os soldados vieram e levaram as bandejas. Ele nos olhou mais alguns minutos, apertou outra vez o botão, outros soldados entraram — possivelmente os mesmos que nos haviam trazido — e nos levaram embora. Tinha se passado mais de uma hora desde que chegáramos àquela sala. Nunca consegui reproduzir na minha mente a cara desse general. É curioso como a memória pode guardar tantos atributos psicológicos — e tantos sutis detalhes de comportamento — observados numa pessoa cuja imagem física desapareceu. É como se ficassem os adjetivos e o substantivo se evaporasse. Não sei se Gil tem uma lembrança mais nítida da figura desse homem que teve um contato tão estranho conosco. Tampouco sei que utilidade teria esse contato para os militares. Estivemos naquela sala apenas para esperar? O general queria nos conhecer? Era uma encenação para nos desestruturar e assustar? Nada disso pôde ser comentado por mim e por Gil enquanto éramos levados, numa viatura do exército, do antigo Ministério da Guerra para o quartel da Polícia do Exército na rua Barão de Mesquita, na Tijuca.

Fui jogado numa solitária mínima onde só havia um cobertor velho no chão, uma latrina e um chuveiro que lhe ficava quase exatamente por cima. Tenho uma lembrança imprecisa da porta ou grade que separava a cela do pequeno corredor. Às vezes parece-me que era uma porta toda maciça com apenas uma portinhola gradeada no alto e uma outra portinhola, esta compacta, perto do chão, por onde os carcereiros punham a comida intragável sem se deixarem ver. Outras vezes, parece-me que a parte com grades começava à altura do meu peito e ia até o teto. O fato é que lembro de uma porta maciça de metal pintado de tinta a óleo creme encardida e da portinhola baixa pela qual se botava o prato de alumínio com a comida ou a caneca de café. E lembro também de poder ver o soldado de guarda no corredor. Mas não com facilidade. Algum tipo de esforço era necessário para que eu visse um pouco do que havia fora da cela. Esse esforço podia ser o de pedir permissão — ou seja, o carcereiro é que abria a portinhola com grades a um pedido meu que o justificasse —, como também podia ser de natureza meramente física: sendo muito alta a parte gradeada, só de pé e esticando o pescoço eu podia olhar para fora. A sensação geral era de estar num espaço mínimo e todo fechado, exceto pelo único respiradouro de que me lembro sem dúvida: uma janela quadrada com grades, no fundo da cela, bem no alto da parede oposta à porta. Talvez minha confusão se explique pelo fato de eu ficar a maior parte do tempo deitado no chão, de onde via quase unicamente a parte maciça da porta. Pois são bem nítidas minhas lembranças dos raros diálogos que tive com soldados (era-lhes proibido falar conosco) através das grades, e, sobretudo, a amizade que cresceu entre mim e um velho comunista cuja cara só vim a ver logo antes de mudar para outra prisão, amizade que se baseava principalmente no fato de ele ter descoberto que eu sabia cantar "Súplica", a estranha valsa em versos brancos que fora sucesso na voz de Orlando Silva antes de eu nascer. Essa comunicação sonora se dava através do corredor. Elas também eram proibidas, mas isso dependia da boa vontade do soldado de plantão. Gil ficava na outra cela contígua à do velho. Com esta entre a minha e a dele, e com nosso medo e cuidado, quase não nos dissemos nada durante toda a semana que permanecemos na rua Barão de Mesquita. Logo na primeira noite, depois da sala do general e do camburão, dormi imediatamente.

Fui acordado bem cedo de manhã, pela voz dura de um sargento que me ordenou que ficasse de pé. Alguém enfiou uma caneca de café preto pela portinhola perto do chão. Acho que eles faziam uma espécie de chamada — ou passavam os presos em revista — todas as manhãs. Estou certo de que o faziam todas as noites. Um resquício de esperança de que estivessem me chamando para o interrogatório emergiu comigo do sono sem sonhos em que descobria que estivera mergulhado a noite toda. Mas o sargento ou quem quer que fosse que me acordou — seria um homem só? — apenas me olhou rapidamente e seguiu seu ritual de inspeção, deixando-me sozinho com aquela caneca metálica com café até a metade e um pedaço de pão um tanto duro e sem manteiga. Sempre me pareceu ilógico ter esquecido ou confundido detalhes de uma realidade tão drasticamente limitada. Passei uma semana numa cela mínima onde se repetiam todos os dias atos iguais e regulares, e, no entanto, não consigo lembrar com clareza como era a porta dessa cela ou o que exatamente faziam os carcereiros à hora da revista. Mas acredito que a própria pobreza de acontecimentos e sua regularidade, que terminam por eliminar a percepção ordinária da passagem do tempo, levem a mente de quem sofra tal experiência a precisar defender-se disso quando lhe é dado voltar ao espaço aberto e ao tempo rico em diversidade de eventos menos previsíveis. Tenho ouvido de pessoas que foram ou estão presas a observação de que, em algum momento, dentro da cela, duvida-se da realidade da vida livre que a memória diz ter existido lá fora. Recentemente li na entrevista de um criminoso brutal a afirmação: "Às vezes eu acho que nasci aqui, que sempre vivi aqui, que o mundo lá fora, tudo o que eu vivi, só existe na minha cabeça". Essa leitura me fez estremecer porque eu próprio tinha pensado exatamente a mesma coisa e nos mesmos termos enquanto estava na solitária da rua Barão de Mesquita. O apartamento de São Paulo, meu casamento com Dedé, a Bahia, os estúdios de gravação, os palcos dos auditórios — tudo parecia remoto e desprovido de realidade. A perspectiva em que todas essas imagens se fariam reconhecíveis tinha se rompido bruscamente e minha mente se esforçava para não sucumbir de todo à impossibilidade de compatibilizar as lembranças com a situação que era vivida então. Mas da mesma maneira que, enquanto estamos presos, não cremos na vida livre que não podemos esquecer, uma vez soltos, esquecemos a coerência interna da vida na prisão de cuja realidade, no entanto, não duvidamos. Hoje sei que saí (venho saindo) da prisão como quem sai de um sonho, ao passo que, enquanto preso, eu julgava que Santo Amaro, o Solar da Fossa e a TV Record é que tinham sido um sonho do qual não era possível sair.

Os dias daquela semana na solitária da Polícia do Exército às vezes são lembrados por mim como um só dia que pareceu durar uma eternidade. Depois de muito tempo — mas o que era "muito tempo"? —, comecei a procurar por mim mesmo na pessoa que dormia e acordava no chão daquele lugar odioso cuja imutabilidade impunha-se como prova de que não havia — nunca houvera — outros lugares. Se nunca ver ninguém era um fato que contribuía decisivamente para criar essa impressão, uma outra limitação — que se perpetuou por todo o período da prisão — a intensificava: não ter acesso a espelhos. Com efeito, por dois meses não vi meu próprio rosto. Não sei depois de quantos dias teve início meu diálogo com o velho comunista; ou o estranho tráfico de livros que relatarei; ou os passeios ao sol (destes sei com certeza que foram no máximo dois); ou a esparsa comunicação com os soldados. Só sei que todos esses pequenos estímulos iam pouco a pouco me encorajando a acreditar que o mundo de fora e de antes da prisão existia de fato, e, o que é mais importante, que eu — a pessoa que pensava "eu" — era parte desse mundo. O primeiro esforço no sentido de me reconhecer em mim mesmo se deu na forma de uma tentativa de chorar: se eu estava em tão má situação, se me tinham afastado bruscamente da mulher com quem me casara havia apenas um ano, se não podia ver o apartamento que mal começáramos a arrumar, se me jogaram sobre um cobertor áspero e jornais velhos, se ninguém ouvia minhas perguntas, certamente seria suficiente que me concentrasse em tais constatações para que lágrimas começassem a correr, soluços e espasmos me sacudissem. Mas não. Essa intimidade do espírito com o corpo que o pranto propicia era-me negada. Vista em retrospecto, é absolutamente inacreditável quão completa era então minha incapacidade para o sentimentalismo. O velho comunista, com a força de seu sotaque nordestino, me pedia para cantar "Súplica", e logo minha voz ia levar a esquisita valsa até ele, pelo mesmo corredor que trouxera sua mensagem:

Aço frio de um punhal foi seu adeus pra mim
Não crendo na verdade, implorei, pedi
As súplicas morreram sem eco, em vão
Batendo nas paredes frias do apartamento...

E essa palavra "apartamento", aqui sublinhada e supervalorizada pela surpreendente ausência de rima, ressaltava, desencadeando toda uma associação de ideias (o apartamento de São Paulo — o primeiro de minha vida — onde eu ouvira e cantara exatamente essa valsa nas noites imediatamente anteriores à prisão), mas esses pensamentos não me levavam à emoção correspondente. Eu continuava frio e remoto. O próprio fato de aquele velho me pedir que cantasse não me enternecia. Nem o modo aplicado e doce como eu lhe apresentava a canção. Muitas vezes, de volta à liberdade, me comovi — e ainda hoje me comovo — com a lembrança dessa cena. Na cela, apenas sabia com frieza que ela era uma cena comovente. É que Narciso estava morto. Sentia algo bom pelo velho: o desejo sincero e imediato de atender o melhor e o mais prontamente seu singelo desejo. Mas não conseguia empatia comigo mesmo: não via graça em ser capaz de trazer um pouco de beleza aos dias daquele velho comunista talvez calejado em prisões. Sentia uma seca amizade por ele, mas não gostava de mim. Minha voz ecoava no pequeno corredor:

Torpor tomou-me todo e eu fiquei sem ver mais
nada
Adormecido tenha talvez, quem sabe?
Pela janela aberta a fria madrugada
Amortalhou-me a dor com o manto da garoa...

A garoa é um dos símbolos de São Paulo, a mera menção dessa palavra traz à mente de qualquer brasileiro a imagem da nossa maior cidade. Assim, "garoa" e "apartamento", na mesma valsa cantada a pedidos de um homem que não imaginava que eu a soubesse e muito menos que a estivera cantando recentemente com frequência, faziam de "Súplica" a primeira das canções-temas desse período da minha vida. Mas, se eu era capaz de constatar isso com clareza, não me sentia tocado por tal constatação. Era antes levado a iniciar uma teia de superstições poderosas que me acompanharam até o exílio e mesmo depois. A valsa seguia:

Esperança, morreste muito cedo
Saudade, cedo demais chegaste
Uma quando parte a outra sempre chega

Chorar?...se lágrimas não tenho
Coração, por que é que tu não paras?
A taça do meu sofrer findaste
Inútil resistir se forças já não tenho
Tu sabes bem que ela é a minha vida
Meu doce e grande amor.

E eu via nessas palavras o anúncio de que já não havia possibilidade de ter esperanças e de que eu nunca mais veria meu apartamento de São Paulo (de fato, nunca mais entrei lá, e se entrasse, já nada encontraria do que foi sua decoração tão peculiar). Acreditava mesmo que ter cantado essa canção nas vésperas da chegada dos policiais devia ser agora interpretado como uma espécie de presságio ou mesmo conjuração. Afinal, essas alusões a *torpor*, sono e frieza não eram uma prova de que a letra da canção se referia a mim? Mas tentava em vão emocionar-me com a canção em si ou com a ideia da dádiva ao velho. Nem uma lágrima sequer começava a se preparar em minha alma para que eu esperasse senti-la escorrer generosamente sobre meu rosto invisível.

Tentei a masturbação. Habituado a ela desde menino e não a tendo abandonado nem com o início — tardio — de minhas relações com mulheres, nem mesmo depois de um casamento sexualmente mais do que entusiasmante para mim, considerei que, com alguns dias de cadeia, seria apenas necessário tomar a atitude deliberada de induzir-me rapidamente a um orgasmo. Bastaria, pensei, começar a pensar e a agir. Mas não consegui sequer uma ereção. Lembro que, assustado com a neutralidade tátil com que reagiam meus órgãos genitais ao manuseio — neutralidade que logo se transformava em dissabor, e que correspondia a uma indisposição do espírito para o prazer ou o desejo —, adiei por uma ou duas vezes a tentativa. Os dias que se seguiam não traziam nenhuma esperança de que meu corpo e minha mente pudessem se aproximar do milagre rotineiro do sexo, não mais do que daquele do pranto. No entanto, que bênção que seria não apenas poder ser arrebatado pela tristeza ou pelo prazer mas também — e talvez principalmente — ter a experiência física das lágrimas ou de uma ejaculação! Parecia-me que eu seria salvo do horror a que fora submetido se sentisse jorrar de mim esses líquidos que parecem materializar-se a partir de uma intensificação momentânea mas demasiada da vida do espírito. De fato, o pranto e a ejaculação são, por assim dizer, vivenciados como um transbordamento da alma quando esta a um tempo se adensa e se expande, paradoxo interdito à matéria. Muitas vezes, depois de posto em liberdade, pensei nessa analogia entre o esperma e as lágrimas que me ocorrera por causa da situação vivida na cela da PE. É uma analogia que vai muito além da mera constatação de que se trata de duas secreções corporais: excetuada esta última condição, tudo o que aqui foi dito sobre o choro e o gozo não pode ser aplicado, por exemplo, ao suor ou à urina.

Sem a graça do sexo ou do pranto, sentia-me como que seco de mim mesmo e apartado do meu corpo. A sensação de distanciamento que minha mente aprendera com a experiência do auasca sem dúvida contribuía para isso. Muitas vezes, através dos anos, tenho parado para considerar como foi arriscada e infeliz a circunstância de ter essa viagem alucinógena sido seguida tão de perto pela prisão. E medito sobre como isso é representativo — mesmo emblemático — da coincidência, no Brasil, da fase dura da ditadura militar com o auge da maré da contracultura. Esse é, com efeito, o pano de fundo do tropicalismo: foi, em parte por antecipação, o tema da nossa poesia. Depois que saímos da cadeia, começamos a nos habituar com as notícias de amigos que eram levados de prisões para sanatórios ou vice-versa. Acompanhamos diversos processos de enlouquecimento e, como já contei, afastei-me definitivamente das drogas: escapara da loucura por um triz (fora salvo por meu pai, como contarei), não tinha condições de correr o risco. Na cela da PE, a consciência fria e estreita da qual eu tivera uma amostra na porta do prédio de Gil no momento da detenção tinha se tornado para mim o único modo de ser eu mesmo. Dormia muito cedo à noite, era sempre acordado por soldados pela manhã, passava a manhã inteira sentado no cobertor com as costas contra a parede, e, no meio do dia, depois de empurrar goela abaixo algum pedaço de carne com inhaca e um feijão com gosto de poeira, adormecia outra vez por não sei quanto tempo, mas é certo que despertava com o sol ainda meio alto. O meu sono de presidiário era um sono triste e infalível do qual eu emergia sem nenhum resíduo de sonho.

Lembro que o velho comunista da cela ao lado tinha planejado um brinde na passagem do Ano-Novo: ele tinha descoberto quem iria ficar de plantão na noite de 31 de dezembro e assegurava que, com a ajuda desse carcereiro de boa vontade, tomaríamos pelo menos um gole de vinho. Dei enorme importância a isso, uma vez que sempre me pareceu convincente a superstição familiar que nos manda permanecer acordados na entrada do Ano-Novo, caso contrário projeta-se como que uma sombra má sobre o período que se inicia. Sem propriamente me envolver com o aspecto sentimental da celebração, prometi a mim mesmo que ficaria desperto para salvar a minha vida ou, pelo menos, não deixar assegurada para o futuro a desgraça em que me encontrava. O mero fato de começar o ano na cadeia era o pior dos augúrios; entregar-me a isso no sono, sem esboçar nenhuma resistência, seria dar-me a mim mesmo por morto, ao menos para a vida que eu queria poder reconquistar. Mas, por mais que eu me assegurasse de que não adormeceria, quando a planejada celebração se deu — pois ela se deu exatamente como o velho previra — eu estava num sono tão profundo que não atendi aos chamados de Gil, do velho ou do carcereiro. Eram poucos os momentos em que podíamos falar uns com os outros, mas o velho sabia utilizá-los muito bem: no primeiro dia do ano de 69 eles me contaram tudo sobre a festa de réveillon que eu perdera. Não era pouca coisa: desde a infância, nunca passei a meia-noite de 31 de dezembro para 1º de janeiro dormindo, regra à qual voltei a ser fiel desde que fui posto em liberdade. Aquela foi a única vez, em toda a minha vida consciente, em que isso se deu. O que me tornou ainda mais tristemente indiferente: não ter sido capaz de desferir um golpe, por mínimo que fosse, no que já se tornava uma quase perfeita desesperança, só fazia aumentar o desprezo (não há outra palavra) que sentia por mim mesmo. O curioso é que, depois que saí dali, criei uma memória do momento do brinde como se tivesse participado dele: tenho ainda hoje na lembrança imagens nítidas do copo com vinho tinto sendo trazido até mim pelo bom soldado cujo rosto não distingo por detrás das grades. O fato é que, agora, quando quero me consolar da minha reconquistada dificuldade de dormir, penso em como dormir quando não queria foi muito pior do que estar desperto quando quero dormir.

Quanto à minha quase incapacidade de tolerar a comida servida no quartel, ao menos uma vez ela foi interpretada por algum oficial como uma tentativa de greve de fome: depois de ouvi-lo grunhir através da grade alguma coisa nesse sentido, esforçava-me para não deixar a carne e o feijão intactos. Greve de fome? — qualquer forma de resistência ou heroísmo era coisa que estava à distância infinita de minha mente reduzida ao imediato. Entre o chão duro e o puído cobertor verde-oliva escuro que me servia de cama viam-se alguns pedaços de jornal velho, rasgados e meio amarelados. No relativo entorpecimento a que me entreguei para não desesperar com a ausência de espaço (a solitária era exígua: creio que com as costas contra uma parede eu podia tocar com os pés a parede em frente), ou com a nenhuma perspectiva de futuro (ninguém ali sequer sabia que, no ato da prisão, nos tinham anunciado um interrogatório, e alguns sargentos ou tenentes que metiam a cara entre as barras da grade alta nos diziam, sem que nós lhes disséssemos nada, que todo preso alega inocência), eu lia repetidas vezes, sem guardar na memória, trechos de frases desinteressantes, anúncios, manchetes vazias de sentido, fragmentos de notícias ou de artigos. Nada era sequer remotamente notável. Eu relia tudo num automatismo acrítico, sem nem mesmo me permitir pensar que aquilo pudesse ser entediante ou ridículo. Não sei descrever o mal-estar que me causou a leitura, feita ali mesmo, dentro daquela cela, alguns dias depois da consolidação desse hábito, da narração de ação semelhante no livro *O estrangeiro*, de Albert Camus.

Uma tarde vi a cara de um homem que me falava lá do alto da porta, da parte gradeada. (Agora lembro, com alguma segurança, que a porta era inteiriça do chão até mais ou menos a altura da minha cabeça, de modo que era necessário que eu me pusesse na ponta dos pés e esticasse o pescoço para poder ver algo do corredor por entre as barras.) Ele falava com um desassombro surpreendente para quem se mostrava tão simpático comigo. Mas se ele não tinha medo, tampouco parecia ter muito tempo. Era um coronel do exército que estava preso por suspeita de subversão ou mera simpatia pelos comunistas. Ele me disse, um tanto ofegante, que, por ser militar graduado, tinha algumas regalias, podendo, entre outras coisas, circular pelo quartel. No entanto, não lhe seria permitido falar comigo ou com Gil, presos incomunicáveis. Tudo dependia de o oficial de dia ser seu amigo ou simplesmente tolerante. Queria me ajudar. Estava em contato constante com Ênio Silveira, o dono da Civilização Brasileira, a editora da esquerda intelectual. Ênio também estava preso na PE da Barão de Mesquita, mas, se bem me lembro do que me disse o coronel, num andar acima do nosso, e em muito melhores condições. Ele tinha consigo muitos livros e, embora nos fosse proibido, a mim e a Gil (e seguramente também ao velho), ter livros na cela, ele, o coronel, me traria, ou faria chegar a minhas mãos, clandestinamente, livros conseguidos por Ênio Silveira. Eu deveria lê-los fora das horas de refeição ou revista, quando eles deviam ser escondidos sob o cobertor. Esse coronel voltou pelo menos uma vez, trazendo nas mãos *O estrangeiro*, que ele me passou — sem dúvida com o auxílio do guarda — pela portinhola pela qual chegava a comida. O segundo livro foi depositado pelo mesmo processo, mas desta vez por um soldado que, furtivamente, me comunicou ter sido mandado pelo tal coronel e por Ênio Silveira. Era *O bebê de Rosemary*.

É impossível imaginar-se um par de livros menos apropriados para distrair um preso incomunicável do que esse. O tom frio de *O estrangeiro*, suas frases curtas e isentas que reproduzem uma visão a um tempo direta e distanciada, enfim, suas virtudes formais e estilísticas conseguiram extrair um verdadeiro entusiasmo de mim: o chamado prazer estético. É impressionante como isso tem vida própria e independente. Eu podia alimentar minhas mais sombrias fantasias supersticiosas ao acompanhar o destino daquele homem dos afetos neutralizados, que mata por nada, lê repetidas vezes um pedaço de jornal numa cela de prisão, e torna-se estranho à sua própria morte; podia me assustar com a precisão com que algo do que eu mesmo estava vivendo era ali descrito; podia mesmo ver naquilo uma profecia de perpetuação inexorável da minha situação; mas a capacidade de admirar o texto como tal parecia ter força para perdurar em mim ainda que só me restasse um fio de razão. *O bebê de Rosemary* talvez tenha me feito mais mal. Com sua narrativa vivaz e convencional, talvez mais hollywoodiana do que o filme que veio a ser feito depois baseado nele, esse livro instigante resulta, mais do que numa metáfora para a paranoia, num incentivo dos seus mecanismos. Nunca mais reli nem um nem outro livro desde que saí da prisão. Mas sei que *O bebê de Rosemary*, com seus apartamentos, suas competitividades de carreiras artísticas, seu glamour e suas descrições da adoração do mal em si, me fez mais supersticioso do que eu já era e do que eu já estava, inclusive influindo retrospectivamente na interpretação que eu dava a *O estrangeiro*. Essas leituras, no entanto, me divertiram e, ainda que fosse só pela intensificação do medo, fizeram o tempo passar.

Os banhos de sol a que, me diziam, todos os presos têm direito — e que, portanto, todos os presídios têm obrigação de propiciar — chegaram com certo atraso. Acompanhado por um soldado portando uma metralhadora sempre apontada para mim, deixei pela primeira vez a cela que já se me afigurava eterna. O maior trabalho que minha mente teve foi o de negociar com a excitação inevitável que esse fato produzia, aceitando pouco a pouco a evidência de que, apesar do alívio físico resultante da exposição a maiores e mais variados espaços, eu estava testemunhando antes uma reafirmação do confinamento — a prisão tinha aderido à minha pessoa, seguiria comigo por toda parte — do que uma verdadeira experiência de liberdade, mesmo relativa: me tiraram da cela por alguns minutos apenas para que me sentisse mais preso do que nunca. O soldadinho que caminhava a um passo de mim com sua metralhadora em permanente ameaça (eu sentia um medo estável durante todo o tempo em que o cano da arma apontava para mim) me pedia que não falasse, não parasse de caminhar, não me afastasse dele nem tentasse andar mais rápido, caso contrário seria obrigado a atirar em mim (ele também demonstrava medo no modo falsamente agressivo com que falava e no subtom de súplica perceptível na frase: "Não me obrigue a fazer isso"). Era reconfortador, apesar de tudo, ver outras pessoas movendo-se sob o sol, entrando e saindo de portas, embora o fato de serem todos homens e fardados funcionasse como uma reafirmação a mais da prisão como tendo tomado conta de tudo, e do caráter de pesadelo que o mundo adquirira desde aquela madrugada em São Paulo.

Um outro homem sem farda passeava pelo pátio. Era, evidentemente, um preso: seu guarda armado o seguia de perto como o meu a mim. Forçando uma aproximação a que o soldado que o acompanhava se opôs com firmeza duvidosa, ele veio até mim e me dirigiu a voz, para grande nervosismo do meu guarda, que agora implorava que eu não falasse com o estranho: "Você não pode, eu tenho ordens de atirar". Só não entrei em pânico por causa da expressão segura e desdenhosa dessas ameaças que se estampava na cara do meu teimoso interlocutor. Ele me chamava pelo nome com desenvoltura e seus olhos pareciam dizer: "Ninguém vai nos matar, eu já conheço esses soldadinhos assustados, conversemos". Era Ênio Silveira. Seu desassombro me transmitiu não apenas a impressão de que ele era familiarizado com prisões e carcereiros: sua alta estatura, seus modos desembaraçados e elegantes, sua segurança, pareciam impor-se, por alguma força de classe, àqueles adolescentes fardados. Era como um adulto falando a crianças, mas, sobretudo, como o "doutor" falando a dois pobres-diabos. Perguntou-me se os livros tinham chegado a minhas mãos. Eu disse que sim e agradeci com o que creio (quase não creio) que tenha sido um sorriso. Ele sim sorria sem tensão visível. Foi a única vez que o vi. Ele se afastou acompanhado do seu guarda, deixando a impressão de que o tinha feito por deliberação própria e não por obediência ou medo. Na verdade dirigiu um gesto sutil aos soldados que parecia querer dizer: "Muito bem, eu conheço as regras do jogo, é claro que não vou exagerar, o meu senso de medida me autoriza essas pequenas contravenções, já comuniquei ao meu companheiro as trivialidades que desejava comunicar, agora podemos seguir". O soldado que era responsável por mim mostrou-se muito mais nervoso do que o outro. Tanto quanto eu próprio me mostrava mais assustado do que o famoso editor. Alguns minutos depois eu estava de volta à cela.

Não sei se houve um outro banho de sol. Lembro do pátio grande (mas não muito grande), da luz intensa e do calor. E essas lembranças às vezes surgem independentes do encontro com Ênio, como se uma das sessões de caminhada tivesse sido dominada por esse incidente e a outra tivesse transcorrido toda em silêncio e observação. Talvez tudo tenha se dado numa única saída ao pátio interno. Se houve dois banhos de sol, não sei em qual dos dois eu e o velho da cela ao lado decidimos aproveitar a oportunidade para nos conhecermos visualmente. Agrada-me pensar que fui eu que ganhei coragem e, antes de ser levado para fora do corredor (ou, quem sabe, antes de ser reintroduzido na cela), pedi aos carcereiros que me deixassem ver o velho e falar-lhe de frente. Mas é mais provável que a sugestão tenha partido dele. Seja como for, os soldados atenderam ao nosso pedido, e eu vi a cabeça achatada e quase toda careca de um homem de olhos de índio que sorria discretamente para mim com esse ar cruamente sincero que faz com que nos nordestinos a bondade ou a ternura nunca pareçam piegas. Dava para ver que se tratava de um homem troncudo. É possível que tenha havido também uma oportunidade de, depois disso, eu vê-lo passar no corredor para seu turno de exposição ao sol. Talvez ele tivesse sido levado outras vezes para isso, antes da minha primeira vez, e eu não tenha me dado conta: deitado no chão, sem saber da existência das caminhadas, eu não imaginaria que algo assim se passasse e, embora às vezes ouvisse diálogos entre guardas e presos, quase nunca me dispunha a esticar-me para olhar. Nessa vez em que sem dúvida nos vimos, não lembro o que nos dissemos. Mas creio que ele mencionou minha carreira de cantor, com agradecimentos pelas muitas vezes que cantei "Súplica", e de alguma forma deixou claro que esperava que eu não demorasse muito na cadeia, embora soubesse que ele próprio ainda tinha muito tempo de reclusão pela frente.

Julguei ver cumprir-se a boa previsão do velho quanto ao tempo que eu permaneceria na prisão quando um soldado chegou com minhas roupas e sapatos e um oficial ordenou que eu tomasse banho e me vestisse para ir embora. Não pensei que estivesse sendo libertado imediatamente, apenas considerei, com muito otimismo, que afinal eles me conduziriam para o interrogatório. Na verdade, essa ideia do interrogatório tinha se tornado uma obsessão, pois representava a única ligação com os últimos momentos de vida real que eu experimentara antes de entrar no pesadelo. De minha cela, podia ouvir que eles se comunicavam com Gil provavelmente dando instruções semelhantes às que me tinham dado. Tomei banho, vesti a roupa e, em pouco tempo, me encontrava ao lado de Gil, em algum lugar sob pilotis, de pé, costas contra a parede, esperando não sabíamos o quê. Nos disseram, com veemência, que, para o nosso próprio bem, não trocássemos uma só palavra. Escoltados por soldados e oficiais, Gil e eu tentávamos nos comunicar silenciosamente. Enviávamos interrogações e mensagens de apoio mútuo no sentido de manter a integridade mental e a paciência. Por fim, jogaram-nos nos fundos de um camburão e bateram a porta com brutalidade, deixando-nos na total escuridão. O carro arrancou e, como eles tivessem disparado a sirene, aproveitei para tentar falar com Gil, certo de que não nos ouviriam. Ainda assim, cochichávamos. Na verdade, apenas repetimos as perguntas que já nos tínhamos feito sem palavras: aonde nos levarão?; haverá, afinal, um interrogatório?; o que será que está, de fato, acontecendo?; e, depois de rodarmos aos solavancos por muito tempo, onde será que estamos agora? O som da sirene era inacreditavelmente intenso e parecia sair de dentro de nós. Como era um ruído habitual da cidade, o qual sempre ouvíramos de longe como indicador de que se transportava um ferido, um bandido ou um enfermo, ser chacoalhado dentro do ventre do monstro que produz tal gemido, e, ainda por cima, na mais completa escuridão, fazia-nos sentir como se estivéssemos no coração do mal — e pela primeira vez pensei em como seria doloroso para os membros de uma boa família ter seu filho ou irmão preso por algum crime. Pensei em meu pai e minha mãe. Em como eles, embora com certeza não se envergonhassem de mim, sofreriam se soubessem que eu estava rodando as ruas da cidade do Rio de

Janeiro dentro de um carro de polícia com a sirene em estardalhaço penoso e constante. Quantos pais de família estariam andando pelas calçadas à beira das ruas por onde o camburão passava! E quão longe tantos deles sentiriam que suas vidas estavam daquele som estridente e queixoso em cujo núcleo inescrutável eu agora me encontrava instalado! Meus olhos se esbugalhavam na escuridão à medida que a viatura avançava, entre freios bruscos e arranques ruidosos. Gil e eu desistimos de falar. A inexplicável demora da barulhenta viagem nos fazia imaginar que os policiais estavam rodando sem rumo apenas para nos meter medo. Não lembro de ter comentado isso com Gil nesses termos, nem de tê-lo feito depois da volta à liberdade, mas tenho certeza de que Gil pensava exatamente a mesma coisa que eu. Sentíamos medo. O carro em que estávamos não era do exército nem da Polícia Federal. Talvez pertencesse à Polícia Militar. É mais provável que fosse da Polícia Civil, pois lembro de dois ou três homens à paisana tomando os assentos da frente. Isso dava a impressão de que qualquer coisa podia acontecer conosco sem que ninguém se desse conta. Um aparelho repressor tão confuso, sem mandado de prisão, sem interrogatório e com tantas polícias envolvidas, produzia a sensação de que tínhamos sido atirados num inferno de que os solavancos no escuro e as curvas fechadas ao som do grito dolorido mas impiedoso da sirene eram apenas um indício. Em breve, com efeito, se multiplicariam no Brasil os casos de desaparecidos, e cada vez um número maior de pais de família teria seus filhos em situação semelhante à nossa, ou bem pior.

Fomos despejados num outro quartel da PE, na vila militar que se encontra no distante subúrbio de Deodoro, o que talvez explicasse a viagem demorada, embora não fosse suficiente para justificar o tortuoso do caminho percorrido. De todo modo, não lembro com clareza a chegada à vila. Não fomos entregues pelos paisanos aos nossos novos hospedeiros militares à porta de um edifício, mas em algum descampado do terreno pertencente a um quartel. Foi a única vez que nos trataram com alguma violência física: algemados com as mãos para trás, levamos alguns empurrões e trancos enquanto nos apressavam o passo. As algemas foram retiradas, não sei por quê, antes que entrássemos no quartel. Era um complexo de edificações modernas de um só andar, cujo prédio principal, onde se encontravam as celas, me lembrava o Ginásio Teodoro Sampaio, onde eu estudara em Santo Amaro. Como tinha acontecido na PE da Barão de Mesquita, disseram que tirássemos as roupas, conservando apenas as cuecas tipo sunga que usávamos, e nos conduziram para as celas. Só que dessa vez eram xadrezes grandes, onde vários outros já se encontravam presos. Os soldados me puseram no primeiro xadrez do corredor e seguiram com Gil para um imediatamente ao lado. Experimentei uma emoção de que não me sabia mais capaz, ao ver outras pessoas em situação bastante próxima da minha para que pudéssemos falar em pé de igualdade. E essas pessoas não tinham o ar desesperado ou sonâmbulo que já devia ser o meu. Creio que não chorei, mas era como se tivesse chorado. Abracei nervosamente muitos deles como se estivesse reencontrando amigos, embora fossem pessoas que eu nunca tinha visto antes. Eles reagiram com compreensão e naturalidade, correspondendo aos abraços e dizendo o que lhes fosse possível para me acalmar. Eram todos aparentemente mais moços do que eu. Um deles, demonstrando espírito de liderança, propôs que rezássemos um terço em conjunto e, para isso, nos dispôs em círculo no meio do xadrez. É o único companheiro de prisão de quem fiquei amigo mas de cujo nome não esqueceria mesmo se isso não acontecesse — e ele não tivesse se tornado um grande ator e ainda maior agitador cultural do Rio de Janeiro dos anos 70 em diante: é que ele tinha sido batizado e registrado com o inesquecível nome de Perfeito Fortuna. Em sua maioria, os garotos com quem eu dividiria de agora em diante aquela cela eram de uma associação católica de bairro ligada a algum padre de esquerda. Me senti muito reconfortado com a ideia da oração coletiva: era um modo ritual de eles dizerem que estávamos juntos e que, assim, podíamos fazer alguma coisa. Mas a oração mal começou. Um sargento ou tenente que ouvira o som das vozes rezando veio enfurecido, ordenou ao soldado que abrisse a porta gradeada, entrou no xadrez, e, aos palavrões, arrebatou o terço da mão do nosso líder. Isso me fez retroceder de maneira dolorosa ao estado de abulia do qual acreditava estar começando a poder sair. Aquele bando de jovens usando apenas cuecas mínimas e sem saber ao certo o que estava se passando com eles, jogados numa cela quente como um forno, tinha readquirido momentaneamente, por meio do ritual do rosário, uma dignidade humana, uma compostura que a brutalidade do militar destruíra em poucos segundos. Os rapazes, no entanto, resmungaram indignados, segredando uma fúria contra o tirano que, se não chegava até ele, reforçava o moral do grupo ofendido. Alguns deles, percebendo que eu tinha sido atingido especialmente pela agressão, tentaram me consolar e encorajar dizendo que não me assustasse, que aqueles babacas eram assim mesmo, mas nós sempre acharíamos meios de manter nossa integridade.

Ficamos pelo menos mais uma semana nesse segundo quartel da PE. Como na primeira semana, não vi Gil nem uma vez. E, diferentemente do que acontecia (ou foi dito que aconteceria) no quartel da Barão de Mesquita, não havia banhos de sol. Era janeiro no Rio, pior, na baixada da Zona Norte da cidade, o que significa um calor de ficção científica. A água do único chuveiro que usávamos parecia aquecida artificialmente, mas nós sabíamos que isso se devia somente à ação do sol sobre o tanque. O banheiro aqui era um pequeno cômodo independente, com um chuveiro, uma pia e um vaso sanitário, anexo ao xadrez propriamente dito, do qual se separava por uma porta que, naturalmente, não se podia trancar. Soube pelos meus companheiros que, no xadrez ao lado, Gil estava na companhia de vários escritores e jornalistas famosos. Entre estes, Ferreira Gullar era particularmente querido por sua capacidade de encorajar, seu senso de solidariedade e seu talento para encontrar soluções inventivas mesmo naquela situação tão pobre de possibilidades. Um garoto que tinha sido transferido do xadrez deles para o nosso (um magrelinho de óculos cujos olhos de japonês e audácia quase suicida no trato com os militares lhe valeram o apelido de Sumidinha, numa referência a um ex-preso, este um nissei de verdade — ou seria isso um trocadilho cujo humor não alcancei? —, de nome Sumida, de quem se dizia ter sido assassinado pelos militares) falava de

Gullar com os olhos cintilando de admiração. Ele me informou sobre um mecanismo, idealizado e construído por Gullar, que tornava possível a comunicação escrita entre os dois xadrezes, através de um sistema de cordões que passava bilhetes de um lado para o outro por cima do tanque de água que servia aos dois banheiros. A caneta (conseguida com uma astúcia cujos detalhes eu não conheci) e os papéis (subtraídos à ração de papel pardo que substituía o papel higiênico) ficavam escondidos em cima de um muro rente ao tanque, junto aos cordões, e, toda vez que se fazia necessária uma comunicação, um preso entrava no banheiro enquanto os outros guardavam a grade para avisar no caso de algum oficial ou soldado se aproximar. Havia um sinal de batidas na parede para anunciar o envio de um bilhete, e havia um outro sinal para alertar sobre a chegada de um militar. Gil nunca me mandou nenhum recado, nem eu a ele. Um dia chegou para mim um bilhete do jornalista Paulo Francis, perguntando se eu tinha notícias de Ênio Silveira. Respondi prontamente, informando de maneira sucinta sobre seu bom estado de saúde e sua solicitude em enviar-me livros. Sumidinha também nos contou que havia um homem com problemas de locomoção que tinha sido literalmente despejado de uma cadeira de rodas dentro do xadrez por ser um homônimo do escritor Antônio Callado, contra quem havia uma ordem de prisão. Apesar da insistência dos outros presos em dizer que aquele homem não era o escritor Callado, que eles todos conheciam bem, os militares o mantiveram ali por alguns dias supondo que os colegas negavam-lhe a identidade por pena. O verdadeiro Antônio Callado chegou ao quartel da PE da Vila Militar enquanto ainda estávamos ali e, assim, seu desafortunado xará foi libertado.

Tão marcante quando rememoro o momento da detenção, a escova de dentes — que deve ter me acompanhado durante todo o período — parece ter sumido da minha lembrança dos dias em que estive preso. Por mais que me esforce, não consigo lembrar de mim mesmo escovando os dentes em nenhuma das três celas em que vivi por dois meses. Tampouco tenho lembrança de ver meus companheiros da Vila Militar o fazendo. Não tenho dúvida de que escovava os dentes diariamente, desde o primeiro dia na Barão de Mesquita. Mas não sei sequer como foi tratada a questão da escova nos momentos em que, ao chegar a cada um dos três quartéis por onde passamos, nos despojavam de todos os nossos pertences e roupas. Eles nos mandavam tirar os relógios, as carteiras com o que houvesse de dinheiro e documentos, e, por fim, as roupas, com exceção apenas das cuecas mínimas, tipo sunga, então ainda uma novidade (e, no entanto, todos os rapazes do meu xadrez usavam-nas igualmente, sem nenhum caso de preferência pelo que a essa altura se começou a chamar de "cueca samba-canção" — embora esta devesse ser encontradiça no xadrez de Gil, cheio de homens mais velhos). Quanto às escovas, certamente as trouxéramos de casa nos bolsos, mas não lembro de receber a minha de volta quando lhes entregava a camisa, ou de, por exemplo, caminhar para dentro da cela quase nu com uma escova na mão. Tampouco sei o que fazia com a escova cada vez que deixava um quartel, nem mesmo o que fiz com ela ao ser solto. O modo como nossa memória seleciona é curioso. Claro que não lembramos "tudo". Mas no caso de um cotidiano tão empobrecido, por que esquecemos tão totalmente mesmo a experiência de algo que, com absoluta certeza, sabemos que se deu? Sem dúvida minha mente criou mecanismos para se defender, e essas amnésias específicas devem ter desempenhado um papel nesse processo. Talvez os gestos meramente automáticos de todo dia tenham sido esquecidos à medida mesma que se realizavam. Estou certo de que escovei os dentes todos os dias em que estive preso, mas o fiz num tal grau de entorpecimento que nada ficou em mim que pudesse trazer de volta uma imagem ou uma sensação que o confirme. Do mesmo modo, nunca consegui lembrar com segurança se havia ou não toalha de banho, fosse na solitária, fosse no xadrez. Estou quase certo de que na Vila Militar, onde éramos tantos, não tínhamos toalhas para nos enxugar depois do banho. De resto, isso não era necessário, uma vez que o calor era tão intenso que mal saíamos do chuveiro já nos sentíamos secos. Lembro de sentir a cueca, que vestia sobre o corpo molhado, secando em contato com a pele. Mas não sei se se pode confiar nessas lembranças: eu não estava suficientemente desperto ou lúcido no momento mesmo em que realizava esses atos para guardar deles uma ideia precisa.

Desse modo, apesar de me sentir consideravelmente mais animado do que na solitária, meu sono continuava irresistível. Não que se possa dizer que eu estivesse menos infeliz. A presença de outros rapazes com quem podia conversar representava um alívio depois de uma semana sozinho. É verdade que de vez em quando nos diziam que não nos era permitido conversar. Mas todos — presos e carcereiros — sabíamos que uma tal proibição era praticamente impossível. Às vezes, quando estávamos falando alto, um sargento gritava para que nos calássemos. Perfeito Fortuna, que reagia com humor a qualquer tipo de agressão, não se intimidava com tais gritos e encenava números musicais e monólogos teatrais, improvisando figurinos com os lençóis. (Pois havia lençóis e colchões espalhados pelo chão, e pelo menos uma cama sobre a qual revezávamos.) Ora ele era um galã, ora uma vedete. Muitas vezes cheguei a rir. No entanto, aquela subvida se arrastava sem esboçar uma solução:

ninguém falava em interrogatório. Além disso, nos dias de visita, todos podiam sair da cela para falar com seus familiares na varanda ou na sala grande da entrada, menos eu e Gil: continuávamos incomunicáveis. Os meninos, ao deixarem o xadrez para as visitas, tentavam me consolar com palavras carinhosas. Eu ficava sozinho na cela enorme. Nem isso me fazia chorar.

Um detalhe terrível me levou às lágrimas inúmeras vezes quando lembrado depois que fui solto: as discussões de Dedé com os oficiais nas tentativas que ela fez de falar comigo nesses dias de visita, e que eu ouvia estarrecido de dentro da cela, sem que ela soubesse que eu podia ouvir. Ela insistia em me ver, respondendo com ira e coragem às ameaças dos militares que nem sequer lhe confirmavam minha presença ali. Eles não sabiam — nem eu, é claro — como ela havia descoberto meu paradeiro. Ela alegava que não sei que autoridade lhe assegurara o direito de me visitar. Aparentemente, alguém lhe prometera isso, mas ninguém dera uma ordem nesse sentido aos meus hospedeiros. Ao menos uma vez percebi que ela estava chorando enquanto falava com os oficiais. Ouvir a voz de Dedé, aquele timbre cheio de confusão e verdade, aquela emissão em carne viva — e ouvir-lhe a voz sem poder ver-lhe o rosto, tocar-lhe a pele ou lhe dar resposta —, era para mim, nas circunstâncias em que me encontrava, uma experiência dilacerante: sem ser capaz de tirar-me totalmente do estado de loucura a que fora levado, aquela voz, vinda do passado remoto e inconvincente que eu guardava na memória, tinha ainda o poder de me enternecer. E esse enternecimento desequilibrava a letargia que era minha proteção. Eu sentia o ímpeto de abraçar e beijar, cheio de gratidão, aquela mulherzinha que era minha e que existia e que era a fonte de todo o bem possível e que estava a poucos passos de mim sem me saber tão próximo, apenas uma parede nos separando. A primeira vez que, sozinho na cela, reconheci sua voz, assustei-me e descri. Agora que a repetição teimosa confirmava-lhe a realidade, eu, embora me mantivesse imóvel, não sabia o que fazer para conter o impulso de sair dali, de libertar-me das paredes e das restrições, de espernear contra minha desgraça. Dedé, chorando em voz alta, dizia aos militares que voltaria no próximo dia de visita, com a certeza de que então haveria uma ordem de permissão para nosso encontro. E a ponta dessa esperança me mantinha inerte, me dava forças para adiar o descontrole iminente. Alguns minutos depois, meus companheiros de xadrez voltavam com doces caseiros que me ofereciam, e me davam notícias de Dedé. Eles a viam, mas não podiam lhe dizer nada, nem mesmo que eu estava de fato ali. Ela própria tomou a iniciativa de mandar recados e pedir notícias através de familiares dos outros presos, mas esse expediente foi pouco usado, pois em poucos dias seríamos transferidos uma outra vez.

Meu sono continuava irresistível, mas não igualmente frequente. Mesmo antes dessas tardes em que eu ouvia a voz de Dedé, o estímulo que eu encontrara no mero fato de ter companhia era suficiente para fazer uma diferença quanto a isso. É possível que eu dormisse tão cedo quanto na solitária, mas creio que a sesta já não era infalível. No entanto, como já disse, vários fatores de depressão contribuíam para a perpetuação do torpor, o primeiro deles sendo, é claro, a ausência de qualquer sinal de que nossa situação pudesse se resolver. Na solitária eu já tinha desistido até mesmo de pensar em me masturbar: as tentativas me deixaram amedrontado. Aqui no xadrez da Vila, além de tudo eu não estava sozinho: não havia desejo nem oportunidade para a masturbação. Um dia um dos rapazes do xadrez afirmou, numa conversa de que todos participávamos, que os militares punham uma "substância broxante" em nossa comida. Hoje penso que isso devia ser um mito consolador. Pelo menos o foi para mim: tomei-o como uma explicação satisfatória da total inapetência sexual a que me via reduzido. Com efeito, depois de quinze dias sem sexo, eu não tinha tido nem mesmo uma polução noturna. Mas tenho razões para crer que já não dormia tão profundamente durante a noite. Uma terceira cela era reservada para os presos comuns. Todos nós, presos políticos, sabíamo-nos sob a proteção de uma ordem de não agressão física a que, por vezes, alguns oficiais se referiam com desdém e impaciência. A irritação com essa ordem não raro se manifestava em sessões de humor negro, com algum oficial, apontando o cano do revólver para dentro do xadrez, num protesto contra a benevolência de seus superiores, a dizer: "Se fosse por mim, eu metia logo bala em vocês". (Sumidinha, no seu jeito temerário, desafiava o tenente ou capitão a fazer o que ameaçava.) Os presos comuns não se beneficiavam dessa benevolência. Podia-se também verificar uma alta rotatividade no terceiro xadrez: presos chegavam durante a noite, outros entravam e saíam no mesmo dia, vários passavam de saída pelo corredor sob as ameaças dos carcereiros que os aconselhavam a não mais se arriscar a aparecer diante deles na rua. Dizia-se tratar-se de ladrões e contraventores das redondezas da Vila, pequenos criminosos da Zona Norte. Às vezes eu era acordado no meio da noite por gritos horrendos vindos do corredor. Eram surras intermináveis e, mais de uma vez, ouvi as vozes dos verdugos pedirem com urgência a "padiola". Essas vozes por vezes pareciam surpresas com o resultado dos maus-tratos. De uma feita, pelo menos, tive a quase certeza de que a vítima tinha morrido. Alguns dos meus companheiros de cela insinuavam que tudo aquilo podia ser encenação para nos amedrontar. Mas tal insinuação não era convincente.

Outros alimentavam o ódio aos algozes considerando que aquela gente pobre podia ser espancada e mesmo assassinada ali sem que ninguém tomasse conhecimento. De fato, desde essa experiência na PE da Vila Militar, passei a ter uma ideia diferente da sociedade brasileira, a ter uma medida da exclusão dos pobres e dos descendentes de escravos que a mera estatística nunca me daria. Mas seriam sempre realmente de presos comuns os gemidos infernais que ouvíamos nas noites da Vila Militar? A longa duração de algumas dessas sessões de tortura de que éramos testemunhas auditivas me leva a supor que talvez, durante a noite, fossem trazidos alguns militantes de quem se queria arrancar confissões importantíssimas. Talvez, no entanto, essas demoras se devessem ao sadismo puro e simples dos militares daquele quartel. (Sem dúvida eles se vangloriavam disso: lembro do misto de orgulho e inveja com que se referiam aos mais temidos entre eles, os "catarinas", como são conhecidos os soldados altos e louros, descendentes de alemães, provenientes dos estados do Sul do país, sobretudo de Santa Catarina, de onde lhes advinha o apelido, famosos por sua intransigência e pelo seu fanatismo.) Fosse como fosse, os gritos me acordavam. Penso que os mesmos sons, se ouvidos na solitária, não teriam invadido meu sono de chumbo (alguns rapazes no xadrez não despertavam durante essas macabras sessões noturnas). Hoje, no entanto, impressiona-me mais o fato de que eu voltasse a adormecer com facilidade, uma vez silenciados os urros. Sem dúvida, aqui na Vila Militar eu estava menos letárgico do que na Barão de Mesquita, mas se os chamados para o réveillon não me tinham despertado ali como os gritos de dor o faziam agora, talvez isso se devesse mais à natureza dos sons do que à sua intensidade: os gritos dos torturados produziam medo. Os que acordávamos, primeiro calávamo-nos assustados e em seguida trocávamos cochichos indignados, para depois voltarmos a dormir sem uma gota de doçura na alma. Havia, de todo modo, um pouco de vida durante a noite. Um sinal intermitente de vida horrenda, que me fazia despertar no dia seguinte como quem estivesse voltando de um pesadelo para dentro de outro pesadelo.

Um dia pensei que ia morrer. Um soldadinho tinha vindo até a grade do xadrez e ficado olhando para mim com uma expressão de medo e pena. Parecia nitidamente saber de algo horrível que estava prestes a me acontecer, sobre o que ele não me podia dizer nada. Em pouco tempo ele próprio obedecia a uma ordem de abrir a porta gradeada para que eu seguisse um oficial e um sargento que me levaram para o largo alpendre por onde eu entrara no dia da chegada ao quartel. O oficial mandou que eu andasse na frente e não olhasse para trás. O grupo formado pelo oficial e pelo sargento, mais um soldado que apontava sua metralhadora para mim, me conduziu para fora do edifício, e, tendo recebido ordem de virar à esquerda, logo me vi ao ar livre, andando ao longo de uma estrada ladeada por algumas edificações menores à minha direita, também pertencentes ao quartel. Pareciam casinhas brancas, quase todas de portas fechadas. Eles falaram muito pouco, e não lembro de nada do que disseram. Mas ainda posso experimentar a sensação que me causava o tom solene que todos eles davam ao que quer que fosse acontecer. Era evidente que não me levavam para um interrogatório. Era mesmo indubitavelmente perceptível que iam fazer alguma coisa *física* comigo. Eu podia ler no ritmo dos atos e das falas de todos, no próprio desenrolar do caminho à minha frente, que eles iam fazer algo drástico com meu corpo. Eu sabia que não se tratava de sexo, nem tortura, nem mesmo uma surra: era evidentemente uma coisa simples e limpa — um gesto só — a que eles davam um ar pomposo mas não denso o bastante para que eu pensasse que iam me matar. No entanto, foi exatamente isso que pensei, quando, no trecho final da alameda, onde já não havia senão uma porta aberta numa última casinha, o oficial ordenou que eu parasse e não olhasse para trás. O azul do céu estava embaçado por aquela névoa parda que faz com que, no verão do Rio, o ar não pareça bom nem para respirar nem para ver mas que por isso mesmo amamos, pois assim reconhecemos o verão do Rio. Parei em obediência à ordem, e senti como que um soco gelado dentro de minha barriga, no centro do meu corpo, e de repente minhas pernas não existiam. Não caí, contudo. Esperei um tiro. Mantinha-me de pé com uma firmeza digna que não correspondia ao desfalecimento que só eu sabia estar sentindo. O oficial mandou que eu virasse à direita e entrasse na casinha cuja porta estava aberta. Era a barbearia do quartel. O barbeiro já estava com a tesoura e a máquina nas mãos para derrubar minha famosa cabeleira.

A indiferença que demonstrei — e que decepcionou os meus algozes — se devia ao fato de a imensa alegria que senti quando vi que não ia morrer ter sido empanada pela constatação do ridículo deprimente de tudo aquilo. Os oficiais perderam o tom solene e não encontraram o tom cômico ou ríspido que erraticamente procuravam. O medo que senti e a felicidade momentânea a que ele deu lugar tinham sido igualmente controlados por dispositivos de emergência que, sem que eu tivesse poder consciente sobre eles, eram acionados em mim. Além disso, por significativa que minha cabeleira fosse — nós, os tropicalistas, fomos pioneiros do cabelo selvagemente grande no Brasil, um passo adiante do modelo Beatles da Jovem Guarda de Roberto Carlos, e estávamos em janeiro de 69 e eu não cortava o cabelo desde 67 —, na prisão eu nem me lembrava que tinha cabelo comprido (nem mesmo estava certo de ter uma carreira de cantor popular). Assim, a expectativa dos militares, que os tinha levado a assumir a atitude pomposa da caminhada, se devia a algo que, para mim, não estava em cogitação: o corte do cabelo era, para eles mas não para mim, um assassinato simbólico. Se eu tivesse pensado em cabelo, teria imediatamente adivinhado o que ia se passar, e não teria tido medo de que me matassem. Num nível muito alto e sutil, tinha se dado um diálogo totalmente equívoco entre mim e aqueles militares imbecis.

O barbeiro (em minha memória ele não estava fardado) percebeu logo que não havia espaço para o humor, mas demonstrou muito maior firmeza e independência do que os oficiais. Senti uma ponta de carinho por ele — afinal ele significava a vida para mim naquele momento —, e lembro que trocamos algumas palavras com bastante calma. Não sei se tive coragem de pedir-lhe que guardasse meus cachos que caíam pelo chão, mas o fato é que Dedé até hoje afirma que no primeiro dia de visita depois desse episódio, Perfeito conseguiu fazer chegar a suas mãos um embrulho com meus cabelos. Ela e eu sabíamos que, na tradição religiosa afro-baiana, somos aconselhados a reunir todo o cabelo que cortam de nós para jogar no mar. Dedé tem disso tudo uma lembrança muito vívida, pois quando, impedida de me ver, recebeu o embrulho com os meus cachos, foi sua vez de julgar que tivessem me matado. Também é inesquecível para ela o momento em que, longe de mim, jogava meu cabelo no mar. Mas eu mesmo não tenho noção de como essa transação se deu. Só lembro vagamente de que se falou nisso na barbearia, ou na cela, não sei em que grau de clareza, e estou certo de que, enquanto estava na Vila Militar, não tive conhecimento dos resultados. O que nunca esqueci foi o rosto do soldadinho — aquele que certamente sabia o que ia acontecer — chorando silenciosamente ao me ver voltar ostentando um corte de recruta.

A única outra vez que saí daquela cela antes de deixar para sempre a PE da Vila Militar (ali nem se falava em banho de sol), pensei que finalmente se tratava do interrogatório. Na verdade, embora aquilo não fosse ser *o* interrogatório, foi, de todo modo, um interrogatório. Creio que o oficial de dia tinha saído, e o sargento que o substituía resolveu vir me chamar. Eu nem mesmo sabia qual a sua patente: quando o vi aproximar-se da grade e ordenar que a abrissem para eu sair, julguei que ele fosse um oficial. Ele me fez atravessar o pequeno pátio sob pilotis e me introduziu numa sala mobiliada como um escritório, com uma mesa de trabalho cheia de papéis, uma cadeira de chefe encostada à parede por trás da mesa e, de frente para a outra, uma cadeira comum em que ele me ordenou que sentasse. Depois de sentar-se ele próprio na cadeira de chefe, começou a encarar-me com ar de ira e desprezo e, por fim, começou a falar. Era um homem atarracado e corpulento, vermelho, alourado, e vi imediatamente que se tratava de um completo boçal. Ele fez algumas perguntas sobre nossa participação em passeatas de estudantes, num tom de repreensão que logo deixou claro que aquilo não era para valer. Essas primeiras perguntas não esperavam respostas: o sargento estava simplesmente ralhando comigo. Pelos modos de diretor escolar que ele assumiu via-se que seu principal interesse ali era brincar de autoridade. Ele próprio revelou que era um sargento e que tomara a iniciativa de me interrogar porque não admitia certas coisas. Por exemplo: eu era amigo daquela corja que montou a peça *Roda viva*? Respondi que conhecia mais ou menos muitos dos envolvidos. Ele queria saber se eu achava aquilo certo. "Como assim, 'certo'?" "Você acha que a gente pode admitir aquela putaria com a Virgem Maria?"

Fui tomado de certa indignação, mas consegui escondê-la completamente. É que suas palavras me fizeram lembrar do dia em que cheguei e vi um terço ser arrebatado aos palavrões das mãos de garotos que queriam rezar, e considerei igualmente desrespeitoso que aquele idiota trouxesse a palavra "putaria" para perto do nome da Virgem: pareceu-me que ele não acreditava e, em seu íntimo, nem mesmo respeitava as representações religiosas, e, no entanto, não se pejava de agredir os que, amando muito mais a simbologia — e os princípios — do cristianismo, não se submetiam à hipocrisia que ele guardava como um cão.

Ele próprio se encarregou de responder em meu lugar, confirmando minhas suspeitas: "Botar Nossa Senhora de bobs na cabeça!... Eu não acredito em porra nenhuma de religião, mas um negócio desse não pode. Vocês acham que as famílias vão ao teatro pra ver isso?". Algo de minha indignação precisou aparecer. Respondi-lhe que eu acreditava em Nossa Senhora, mas não tinha achado aquela cena ofensiva. Dizer que eu acreditava não era de todo mentira: como já disse, vivia um enfrentamento de minha religiosidade, a qual teve raízes marianas. De qualquer modo, me sentia ali representando os garotos católicos que estavam presos no mesmo xadrez que eu e que, justamente por crer no Cristo e na Virgem, não aceitariam a intolerância do militar para com o espetáculo teatral.

Roda viva, a primeira peça que meu colega compositor Chico Buarque escreveu, tratava da ascensão de um astro da música popular e da inautenticidade e do ridículo que isso envolve. Era o que antigamente se chamaria uma "obra de juventude", no sentido de que era um tanto ingênua. Mas não deixava de ser interessante que tivesse sido escrita por um excelente compositor que nada tinha de inautêntico na gênese ou no desenvolvimento de sua carreira ainda iniciante. O que a transformara num acontecimento de grande impacto, porém, fora a direção que José Celso Martinez Corrêa lhe imprimira. Sendo seu primeiro trabalho depois da virada que representou sua montagem de *O rei da vela* de Oswald de Andrade, *Roda viva* levava às últimas consequências o estilo violento e anárquico inaugurado por Zé Celso. Mais identificado com o artista pop que o texto criticava do que com a crítica que o texto lhe fazia, mas, ao mesmo tempo, levando essa crítica aos seus extremos, ele fazia da peça de Chico Buarque ela própria um ritual pop e uma oportunidade de revelar os conteúdos inconscientes do imaginário brasileiro — e do *Zeitgeist*. Essas revelações não poupavam nada nem ninguém, fossem os personagens da peça ou os espectadores reais que assistissem a ela. O jovem ídolo de massas retratado na peça tinha uma mulher mais honesta do que seus fãs e seu empresário, e essa mulher, em meio à enxurrada de imagens cambiantes que se sucediam no palco (e que de nenhum modo obedeciam às indicações do texto), transfigurava-se brevemente numa espécie de madona, sem, contudo, tirar os rolinhos de cabelo de dona de casa. Essa era a cena que o sargento tinha elegido para justificar o ódio que os militares nutriam por *Roda viva* — e que os tinha levado, em São Paulo, a invadir uma apresentação e agredir fisicamente os atores e parte do público, tirando assim a peça de cartaz. Isso não tinha sido uma ação oficial. Na verdade o exército nunca admitiu — e eu próprio, que atribuíra o atentado ao grupo terrorista de direita Comando de Caça aos Comunistas, não imaginava — que militares estivessem envolvidos nesse episódio. Mas o sargento tinha me chamado ali atendendo a um desejo que pareceu realizar-se melhor quando ele resolveu me confidenciar: "Eu estava lá. Eu fui um dos que desceram a porrada naquele bando de filhos da puta".

Minha indignação teve que submergir. *Roda viva* não explicitava considerações políticas. Seu escândalo nascia da selvageria de sua linguagem cênica. Numa cena que se dava em meio à plateia, um coro de atores representava a turba fanática que queria tocar no seu ídolo. Zé Celso levava a ação dos fãs até o canibalismo e, como que de dentro do corpo do cantor que tinha desaparecido sob a multidão, surgia um fígado de boi que um dos admiradores erguia na mão crispada, não raro respingando de sangue verdadeiro os espectadores que estivessem sentados nas poltronas do meio, junto ao corredor. Estilizações de imagens reconhecíveis da publicidade ou do cotidiano, da TV ou da religião, se seguiam de cargas de presença física que eram sentidas como a ameaça de uma nudez corporal que não quer ser planejadamente erótica nem decorativa, mas real, palpável, simplesmente carnal. Em suma, era tudo com que nosso trabalho, meu e de Gil — dos tropicalistas —, se identificava. Aquele sargento estava me dizendo que nossa prisão se devia exatamente às mesmas razões (ou desrazões) que o levaram a espancar o elenco de *Roda viva* — e que ele queria que eu soubesse que ele sabia disso. Depois eu me orgulharia de que o tropicalismo tivesse encontrado essas provas de seu poder subversivo. Afinal a conversa do sargento revelava que — como eu tantas vezes tinha tentado convencer nossos opositores — nós, os tropicalistas, éramos os mais profundos inimigos do regime. Mas, ali na salinha da PE, não tive forças para me orgulhar: senti medo.

Medo e um enorme cansaço. Eu descobrira o sentido da nossa prisão ao mesmo tempo que ficara sabendo, num diálogo tão exaustivo quanto um interrogatório, que dificilmente haveria interrogatório, pois estávamos presos sem que ninguém soubesse ainda por quê, nem para quê. Teria que voltar para a cela sem nenhum esboço de definição do meu futuro.

Os dias que se seguiram foram desoladores. O xadrez, que estivera tão cheio que, por vezes, não podíamos estar todos deitados ao mesmo tempo com o mínimo de conforto, foi se esvaziando pouco a pouco. Os garotos foram sendo libertados e eu terminei ficando sozinho, ao menos por um dia e uma noite, mas creio que mais, e de novo achando que o tempo não existia.

O translado do quartel da PE para o quartel dos Paraquedistas do Exército foi breve e sem incidentes. A área do PQD — abreviatura com que o batalhão de paraquedistas é conhecido entre os soldados —, também na Vila Militar, se encontra a não muitos quilômetros da área da PE, e fomos transportados num jipe ou caminhonete do exército, podendo ver o caminho e sentir o vento quente pela janela. A única novidade surpreendente foi que, ao chegar no quartel que me abrigaria, fui separado de Gil, que seguiu na viatura. Depois fiquei sabendo que ele tinha sido levado para um outro quartel do PQD, mas quando nos separaram senti medo de não vê-lo nunca mais. Lembro do portão dando para uma subida com edificações brancas de diversos tamanhos, a maior delas no topo da ladeira. A cela que me estava reservada ficava embaixo, na entrada, junto à guarita. Eu iria ficar sozinho nela, mas não se pode chamá-la de solitária, pois, diferentemente daquela da Barão de Mesquita, essa aqui tinha uma cama com lençóis e travesseiro enfronhado, e o banheiro era um cômodo independente, com vaso e chuveiro a uma razoável distância um do outro, além de uma pia limpa. Acho também que havia sabonete. Uma porta de grades de ferro separava essa esquálida suíte, quente como uma fornalha, duma antessala que dava para a entrada do quartel e estava sempre guardada por um soldado. No que dizia respeito à minha guarda, esse soldado obedecia a um sargento que sempre estava por perto, esse sargento obedecia ao oficial de dia (em geral um tenente) que, por sua vez, obedecia ao major comandante do quartel. Não deixou de representar um alívio considerável sair da Polícia do Exército e cair no PQD. Esta tropa, tal como a outra, era considerada "de elite", mas por razões diferentes. E não se pode imaginar uma rivalidade maior do que a que havia entre as duas. Embora ouvíssemos os gritos do que se dizia serem pequenos infratores civis nas noites do quartel da PE, esta, oficialmente, existia apenas para reprimir militares. Os paraquedistas estavam, portanto, sujeitos a prisões e punições efetuadas por aquela superpolícia. Eles, por sua vez, eram elite pela especialidade a que se dedicavam: orgulhosos dos seus exaustivos treinamentos e dos seus aventurosos saltos livres feitos a alguns milhares de metros de altura de aviões da força aérea, esses oficiais e soldados do exército se gabavam até mesmo de sua beleza física (muitos me diziam, veladamente, que esse requisito era extraoficialmente considerado quando se fazia a seleção dos recrutas), e abominavam que estivessem sujeitos à brutalidade dos soldados da PE. Temiam e odiavam sobretudo os "catarinas". Os primeiros PQD que falaram comigo fizeram questão de me assegurar que entre eles eu não seria tratado como entre os PES. Eles me faziam perguntas que revelavam o desejo de que eu falasse mal dos meus antigos hospedeiros. E queriam ressaltar o contraste. Isso me deu esperança de ver resolvida minha situação.

Mas justamente a esperança pode nos levar a uma situação mental mais perigosa: esse jogo do péssimo para o menos ruim, sem a perspectiva de solução, revela-se doloroso. De fato, embora eu passasse a ter uma vida fisicamente mais digna, muitos dias se passaram sem que ninguém viesse me falar de interrogatório — muito menos de libertação. O major Hilton, comandante do quartel, veio à noite até a cela para me ver e falar comigo. Sua visita tinha sido anunciada repetidas vezes pelos soldados, sargentos e oficiais que se aproximaram das grades durante o dia, e eu esperava muito dela. Mas o major limitou sua fala à exposição das regras do quartel, com ênfase na desaprovação à imagem amolecida que porventura tivessem me dado dos paraquedistas. Em suma, ele queria dizer que, apesar de educados, eles eram durões e que eu não tentasse nenhuma gracinha. E saiu sem me fazer uma só pergunta. Eu sentia que só estava sendo relativamente bem tratado para poder aguentar a prisão, que sem dúvida duraria para sempre. Isso me fez presa das superstições que, desde a adolescência, vinham sendo vividas como um vício mental quase inocente, e que tinham se desenvolvido de forma assombrosa nas duas primeiras semanas na PE. Aqui, com um pouco menos de sono, com várias antenas ligadas no futuro próximo em busca do anúncio da liberdade, os rituais internos se multiplicaram e aprofundaram, levando-me a adivinhar com inexplicável precisão eventos futuros, e a crer que podia atuar antecipadamente para provocá-los, evitá-los ou modificá-los.

Eu tinha desenvolvido um sistema de sinais e de gestos mágicos cada vez mais complicado. E uma monstruosa sensibilidade para interpretar os sinais, aliada a uma não menos monstruosa imaginação para criar os gestos. Como naquele dia em que, na PE, me levaram para cortar o cabelo, e eu, a partir de detalhes mínimos, pude me aproximar da definição do que ia acontecer (chegando a antecipar a adjetivação do ato iminente sem alcançar-lhe o substantivo), eu agora percebia que um esquema de números, imagens e perguntas era capaz de me dar acesso ao conhecimento do que estava por vir, se lido com perícia. Uma bem maior excitação mental — consequência da melhoria das condições materiais — contribuía para que o sistema se sofisticasse. E, enquanto na Barão de Mesquita eu apenas temia que "Súplica" e baratas fossem de mau agouro, aqui no PQD comecei a distribuir significados a todas as canções que eu cantasse ou que ouvisse. E a efetuar contas matemáticas com o número de vezes que via baratas ou que uma canção era ouvida ou cantada. Primeiro isso se deu com um repertório parco: eu cantava ou assoviava alguma canção; um soldado o fazia; às vezes um sargento parava ali perto com um rádio. Quando eu próprio consegui um radinho de pilha (que um sargento me emprestou e que eu escondia sob o travesseiro toda vez que me avisavam da aproximação do oficial de dia), várias canções — cujo valor divinatório eu ia testando à medida que elas se repetiam — entraram no jogo e cheguei, no fim, a adivinhar com absoluta exatidão o dia, a hora e o local onde me encontraria para receber a notícia da liberação.

Os banhos de sol eram religiosamente observados pelos paraquedistas. Lembro de um soldadinho que, seguindo-me com o cano de sua metralhadora a poucos centímetros da minha cintura, repetia pedidos de desculpa, dizendo, numa voz sincera e comovida, que não era ele que estava ali, que, por ele, jamais nada daquilo aconteceria comigo. Um dia, um oficial aproximou-se e, mandando o soldado parar, começou uma conversa amena. Ele gostava de música popular. Lembrou vários sucessos de Francisco Alves, o grande ídolo brasileiro dos anos 30 aos 50. Entre esses sucessos, um samba-canção o tocava especialmente: "Fracasso", e ele me perguntava se eu o sabia cantar. Eu sabia e, não sem certo prazer, atendi ao seu pedido para que o fizesse. O samba, com sua melodia triste em tom menor, me agradava e, à medida que o ia cantando, tal como ocorreu com "Súplica" na Barão de Mesquita, eu ia interpretando as palavras da letra como referentes à minha situação. Hoje vejo com um misto de humor e nojo aquela cena no grande espaço aberto do quartel do PQD. Sob um sol brutal, com um cano de metralhadora às costas, eu cantava suavemente para o oficial de dia: "[...] Porque só me ficou da história triste desse amor/ A história dolorosa de um fracasso"... A palavra "fracasso" é ouvida sete vezes ao longo da letra, culminando com a repetição insistente nas notas mais altas no final da canção: "Fracasso, fracasso, fracasso, fracasso afinal/ Por te querer tanto bem/ E me fazer tanto mal". Tal palavra — repetida por mim em tais condições, e ainda por cima vulnerabilizado como eu ficava pela beleza da música e a carga de emoções que ela despertava por seu valor histórico — tornava-se uma conjuração maligna em minha imaginação. E às vezes, sozinho na cela, fazia esforço para afastar essa canção de minha cabeça, na qual ela sempre recomeçava a se cantar por si mesma. Passou a exercer papel importante no sistema que eu desenvolvia. Juntamente com "Súplica", "Onde o céu azul é mais azul" (também um antigo sucesso de Francisco Alves, um "samba-exaltação", gênero nascido no Estado Novo, louvando as virtudes do nosso país, que, tal como "Súplica", eu estivera cantando na noite anterior à detenção) e "Assum preto" (o lúgubre baião de Luiz

Gonzaga que fala do caráter contraditório da liberdade desse pássaro que, tendo sido cegado para cantar melhor, embora fora da gaiola, está mais preso do que os que vivem em cativeiro), "Fracasso" representava uma senha para o inferno. Contudo, estou certo de, depois disso, ter tido que cantá-la pelo menos mais uma vez para aquele tenente.

A comida era apenas um pouco melhor do que a da PE. O que não é dizer muito, tão intolerável esta era. Mas ter a cama, o banheiro e nenhum mau trato adicional fazia com que eu começasse a sentir de novo o gosto de ter — ser — um corpo, e, logo nas primeiras noites, tive esboços de sonhos eróticos. Estava demasiadamente assustado para não acordar em sobressalto antes de me permitir uma ejaculação. À hora do banho — na água que caía muito quente por causa do calor — eu me surpreendia com assombrosas ereções espontâneas, sentindo-me à beira de um orgasmo. Depois de eu já estar resignado a ter libido zero para sempre, esse prodígio me dava uma alegria maior do que eu estava preparado para suportar. Mas, antes que eu me decidisse a ir até o fim, a masturbação tornou-se o tabu por excelência no meu sistema interno de controle do devir. De fato, nada pode tão facilmente exercer tal função num sistema desses além da masturbação. Ato solitário acusado primeiro de profanar o templo do corpo, depois, de dissipar suas energias, por fim, de retardar a maturidade sexual, a masturbação logo é identificada com um afrouxamento da concentração necessária para o eu enfrentar as forças que se lhe opõem. É um contato direto com a realidade do sexo — da vida — que, estando (literalmente) em nossas mãos fazer ou deixar de fazer, mostra-se como uma indulgência empobrecedora das possibilidades, uma antecipação da frustração. Não é tanto que, num momento desesperado como aquele meu na prisão, sucumbamos à ideia, aprendida na infância, da masturbação como pecado. Eu diria antes que nesses momentos entendemos melhor por que uma ideia tão especial de pecado está vinculada à masturbação. Assim, no meu esquema, o pior sinal era ver uma barata — o pior gesto (que não fiz até sair dali), masturbar-me. Por outro lado, matar uma barata (ato em princípio quase impossível) significava que eu avançaria na direção da liberdade com sofrimento, enquanto a audição de certas canções assegurava surpreendentes boas-novas.

As coisas realmente melhoravam. Creio que já na segunda semana foi permitido que Dedé me visitasse. Eles abriam a porta da grade, deixavam-na entrar. Tudo se transformou. Não ficávamos a sós: o soldado tinha ordem de ficar vigiando e, de todo modo, a porta sendo gradeada nós não podíamos ter intimidade. Mas ela se sentava ao meu lado na cama, contava-me sobre o mundo lá fora e sobre suas andanças para tentar me libertar. Ouvia meu confuso relato dos dias que fiquei sem vê-la e me consolava. Trazia-me livros e revistas (finalmente aqui eles eram permitidos) e recados de amigos, além de uma lata de Baygon e — hoje ela me assegura — Valium. O fato de eu ter usado esse tranquilizante — que conheci depois da experiência com auasca — poderia me levar a pensar que minha dificuldade de dormir tinha voltado com o relativo bem-estar. Mas Dedé me diz que amigos nossos, ouvindo o que ela contava sobre mim, aconselharam-na a me trazer os comprimidos de Valium (que eu tinha de esconder) por temerem pelo meu estado mental. Ela própria parecia estar mais assombrada com meu estado físico. Me achou terrivelmente magro e, sem me avisar, foi à casa do major Hilton — que ficava em Marechal Hermes, subúrbio da Zona Norte colado à Vila Militar — e exigiu que eu tivesse acesso a uma comida melhor. Suponho que Gil tivesse, no quartel onde estava detido, direito a comer a mesma comida que os oficiais, e era isso que Dedé pleiteava para mim. Mas — tal como a permissão de ter um violão dentro da cela (que tantas vezes, sem êxito, pedi ao major) — essa regalia era assegurada a Gil por ele ter concluído seu curso na faculdade e, portanto, ter o "nível universitário" que eu não tinha. Dedé, no entanto, se informou de que, nesse caso, a alimentação de melhor qualidade só me seria servida se eu tivesse uma razão de saúde para isso. Naturalmente ela achava que eu tinha todas as razões para receber tratamento especial, mas tinha de convencer o major com algo concreto. Um dia (o que foi devidamente prenunciado pela aparição de uma barata que matei com um jato de Baygon), o major mandou me chamar à sua presença e me ameaçou, aos berros, de severos castigos, caso não se confirmasse o que ele sabia ser uma mentira da minha mulher que, insolentemente, tinha ido incomodá-lo em sua casa para pedir que me dessem comida de oficial porque eu tinha tido tuberculose na adolescência. Ela havia lhe assegurado que meu pulmão guardava uma cicatriz, e ele tinha dado ordens para que me fizessem uma radiografia: ai de mim se essa tal cicatriz não aparecesse. Fiquei muito assustado pois Dedé nada me avisara a respeito. Fui conduzido a um laboratório radiológico onde tiraram chapas do meu tórax que, afinal, comprovaram a existência da cicatriz. No dia seguinte o major, que não era um homem brilhante, me dizia com gravidade: "Parabéns, sua mulher não mentiu".

As revistas traziam frequentemente fotografias de mulheres seminuas, atrizes bonitas, modelos, vedetes. A proximidade de Dedé era marcada por séries de ereções que, dada a sensação de satisfação que estar perto dela produzia, mais pareciam os espasmos do prazer do que a ansiedade do desejo. Mas muitas vezes, estando sozinho, tendo à mão as fotografias das mulheres, tive que fazer grande esforço para não me masturbar. Eu sonhava todas as noites com mulheres desconhecidas e sempre acordava a um nada do orgasmo, com o coração disparado. Nunca amei tão intensa e exclusivamente as mulheres quanto quando estava no quartel dos paraquedistas. Elas me pareciam a encarnação da felicidade. Nunca os homens me foram mais asquerosos e repelentes. Minha sexualidade tinha morrido na solitária da Barão de Mesquita e ressuscitava agora totalmente voltada para as mulheres. Um mês entre militares me fez rejeitar, com asco, o homem como possível objeto sexual. Um dia Dedé me trouxe uma revista *Manchete* com as primeiras fotografias da Terra tiradas de fora da atmosfera. Eram as primeiras fotos em que se via o globo inteiro — o que provocava forte emoção, pois confirmava o que só tínhamos chegado a saber por dedução e só víamos em representações abstratas — e eu considerava a ironia de minha situação: preso numa cela mínima, admirava as imagens do planeta inteiro, visto do amplo espaço. Anos depois, já de volta à Bahia, compus uma canção de que ainda hoje gosto muito ("Terra") e cuja letra começa por referir-se a esse momento. Dirigindo-me à Terra, nos primeiros versos da canção, comento as tais fotografias "onde apareces inteira, porém lá não estavas nua e sim coberta de nuvens". Esse acercamento sensual que se insinua na consideração de que a Terra não estava "nua" nas páginas da revista, embora no instante de fazer a canção eu não me desse conta, me veio à mente sem dúvida por causa das outras fotografias que mais me impressionavam na cela do PQD: as de mulheres seminuas que me enchiam de desejo e com que sonhava todas as noites.

Um sargento já não muito jovem ofereceu-se, com um tato que me comoveu, para proporcionar-me momentos de total intimidade com Dedé. Era um baiano preto, de origem humilde, que me disse que nunca passaria de sargento por não ter tido instrução (nem ter mais idade) para entrar no curso de oficiais. Sempre sinto um certo orgulho de ser baiano quando identifico no gesto desse sargento — que revelava uma espécie de deslumbramento respeitoso pelo sexo — um traço característico da gente da Bahia. Ele se propôs a nos certificar, nos dias que estivesse de serviço, de que ninguém chegaria até a porta da cela durante as visitas de Dedé. E assim foi. Ele, exercendo sua autoridade sobre os soldados (que, nesse caso, pareciam obedecer de bom grado), retirava o responsável pela guarda da grade e impedia a aproximação dos outros, ficando ele mesmo de sentinela, perto da porta de entrada, a uma distância considerável de nós, só se aproximando, com bastante ruído, no caso de algum oficial despontar no alto da colina. Como a estrada que descia dos escritórios dos oficiais (e de seu restaurante — que eles chamavam de "cassino") era uma ladeira bastante longa, o sargento tinha tempo suficiente para nos avisar e para reorganizar seus soldados. E eu podia ter Dedé de novo comigo e para mim — como pensara que nunca mais seria possível. Esses encontros sexuais sumários eram ternos e intensos — e me salvaram, reequilibrando minha pessoa quase destruída pelas diversas tensões. A mulher, a *minha* mulher, vinha até mim como uma fada boa e me curava as feridas, ao mesmo tempo que me libertava da tentação da masturbação, que, segundo eu cria, desencadearia energias funestas. Mas o sargento foi delatado ou flagrado e recebeu voz de prisão, fato que me foi comunicado pelo major Hilton em pessoa quando este veio, aos berros, me dizer que, daquele dia em diante, Dedé não entraria mais na minha cela. As visitas passaram a ser supervigiadas e eu agora só podia falar com Dedé através das grades. O sargento baiano foi preso e nunca mais o vi.

Entre os livros que li na cela do PQD, dois deixaram lembrança indelével (e não só por serem ambos muito bons): um de poemas de Jorge de Lima (enviado pelo cineasta Walter Lima Júnior) e *Ao Deus desconhecido*, de John Steinbeck. Este último completou, de certa forma, o trabalho de *O estrangeiro* e *O bebê de Rosemary*, no sentido de me tornar mais supersticioso. Os poemas de Jorge de Lima eram, em geral, igualmente místicos — e eu me sentia mais preso à prisão. A figura de minha irmã Irene aparecia com frequência em minha mente como um antídoto contra essas sombras. Irene tinha catorze anos então e estava se tornando tão bonita que eu por vezes mencionava Ava Gardner para comentar sua beleza. Mais adorável ainda do que sua beleza era sua alegria, sempre muito carnal e terrena, a toda hora explodindo em gargalhadas sinceras e espontâneas. Mesmo sem violão, inventei uma cantiga evocando-a, que passei a repetir como uma regra: "Eu quero ir, minha gente/ Eu não sou daqui/ Eu não tenho nada/ Quero ver Irene rir/ Quero ver Irene dar sua risada./ Irene ri, Irene ri, Irene". Foi a única canção que compus na cadeia. Eu não pensava em torná-la pública: pensava tratar-se de algo inconsistente e incomunicável. Para minha surpresa, Gil achou-a linda e, uma vez gravada, não só ela fez sucesso de público como Augusto de Campos publicou uma versão visualmente tratada de modo a enfatizar o (para mim surpreendente) caráter palindrômico do refrão: com efeito, a frase "Irene ri" pode ser lida nos dois sentidos.

Um dia, confirmando uma premonição minha construída milimetricamente, o major Hilton mandou me chamar e, ao entrar em sua sala, percebi que se tratava do interrogatório: ele estava sentado à sua mesa em atitude solene, tendo ao lado um escrivão. Creio que, além do soldado que me seguira até ali com sua metralhadora, havia dois outros que, fuzil às costas, ladeavam, como um par de estátuas, a mesa do major. Obedeci à ordem de sentar-

-me na cadeira que ficava de frente para este. E ouvi seu sermão introdutório que, em resumo, me dizia ser ele um inquisidor implacável e que tudo se esclareceria para o meu bem ou para o meu mal. Ele queria mostrar-se convencido de que seria para o meu mal. Passou então às primeiras perguntas. Julguei natural que ele começasse por nome, idade, nacionalidade, filiação etc. Mas nunca imaginei que fosse me perguntar a data de nascimento, a ocupação e o estado civil de todos os meus irmãos, de todos os meus cunhados e de todos os meus sobrinhos. A maioria desses últimos estava na tenra infância e eu me sentia numa comédia sinistra quando o major exigia precisão nos dados a seu respeito. Cheguei a fantasiar que eles talvez quisessem usar as crianças como possíveis armas de intimidação, caso uma tortura psicológica mais complicada se fizesse necessária, pois o major queria que eu revelasse o grau de intensidade dos meus vínculos afetivos com elas. Muitas horas se passaram no detalhamento de coisas como a vida de Layrton Barreto, marido de minha irmã Clara, e de Antônio Mesquita, marido de minha irmã Mabel. Desnecessário dizer que o mesmo se perguntava sobre meus pais e sobre Dedé e sua família. O fato é que o primeiro dia de interrogatório se esgotou sem que se saísse desse esquadrinhamento das atividades de parentes e contraparentes.

A partir de então, subi diariamente aquela ladeira, seguido de meu guarda com metralhadora, para responder ao meticulosíssimo questionário do major. Sempre conferindo a precisão de minhas premonições, entrevi esperanças de que as coisas se desenredassem quando, depois de passar sumariamente pelo tema da passeata dos 100 mil (com mais disposição para me repreender do que para exigir explicações), o major entrou no que deveria ser a justificativa formal para eu estar preso: o episódio, na Boate Sucata, envolvendo a obra de Hélio Oiticica, que homenageava o bandido Cara de Cavalo com a inscrição "SEJA MARGINAL, SEJA HERÓI". O tal juiz de direito terminou conseguindo suspender o show e interditar a boate. Para nós esse episódio parecera despropositado, uma vez que a presença da bandeira de Hélio (que não lembro como entrou no show) funcionava como um elemento a mais, quase imperceptível para os espectadores, entre os muitos e disparatados procedimentos chocantes de nossa apresentação. A mera existência desse espetáculo tinha um caráter de choque, dado que ele era encenado à margem do Festival Internacional da Canção de que nossas composições tinham sido desclassificadas com escândalo. A história da interdição da Sucata por causa da "bandeira" de Hélio correu de boca em boca e, possivelmente agarrado a essa palavra, "bandeira", um apresentador de rádio e televisão de São Paulo, Randal Juliano, resolveu criar uma versão fantasiosa em que nós aparecíamos enrolados na bandeira nacional e cantávamos o Hino Nacional enxertado de palavrões. Esse sujeito era um demagogo de estilo fascista que cortejava a ditadura agredindo os artistas. Atitudes como essa eram usuais em seu programa e, como nós não tínhamos assistido a sua peroração contra nós, não demos muita importância quando nos contaram. Agora o major Hilton me informava que esse locutor tinha se dirigido explicitamente aos militares pedindo punição para nós, e que essa arenga havia surtido efeito sobretudo na Academia das Agulhas

Negras, a prestigiosa escola de formação de oficiais do exército. De lá teria saído a exigência de que nos prendessem. Naturalmente respondi ao major que me surpreendia que os oficiais não tivessem tentado verificar a veracidade dessas acusações, as quais, se ele me desse a oportunidade, eu provaria serem falsas. O major mostrou uma grande fúria antecipando o resultado contra mim que qualquer investigação apresentaria, pois ele não admitia que essa história que me levara à prisão, onde eu já estava fazia mais de um mês, não fosse verdadeira. E assegurou: "Se você provar inocência, eu solto você imediatamente". E me perguntou se eu teria testemunhas que confirmassem minha versão dos fatos. Respondi com firmeza e presteza que sim e dei os nomes: Ricardo Amaral, o dono da boate, e Pelé, o discotecário — ambos tinham estado presentes ao show todas as noites. O major disse que tomaria todas as providências para intimar as testemunhas e só voltaria a me chamar quando a audiência com estas estivesse marcada. E assim fez. Uns dois ou três dias depois, eu subia a colina para ouvir Ricardo Amaral — o famoso empresário paulista da noite carioca — e Pelé — o negro elegante e esperto que, como tantos negros no Brasil de então, ganhara o apelido do grande jogador de futebol, e de quem me tornei grande amigo. Era curioso saber que esses dois homens da noite da Zona Sul viriam a uma audiência às sete ou oito horas da manhã no extremo norte da cidade. Eles estavam sentados um de costas para o outro e ambos de costas para a cadeira que me esperava, de modo a não ser possível nenhuma comunicação por meio de gestos ou sinais entre nós. Achei muito estranho ouvir-lhes as vozes sem poder ver-lhes os rostos, mas fiquei muito contente com a força que suas palavras algo nervosas porém muito simples e claras tiveram sobre o major: as versões de ambos confirmavam a minha em todos os detalhes, sem deixar sombra de dúvida de que eu estivera dizendo a verdade o tempo todo. Ao final da audiência, depois que finalmente pude, ao me despedir de Pelé e Ricardo, ver em seus rostos uma expressão de insegurança que eu nunca imaginaria em nenhum dos dois, o major me olhou no fundo dos olhos e, com aquele ar solene e pouco inteligente, repetiu em parte o que tinha dito ao ver o resultado das radiografias: "Parabéns. Você disse a verdade". Mas o mais importante foi o que ele acrescentou: "Vou pedir a sua soltura hoje mesmo; dentro de dois ou três dias você estará em liberdade".

Atribuí à interpretação de sinais (baratas, canções etc.) o fato de eu ter certeza de que, apesar do que me dissera o major, eu não seria solto em dois ou três dias. Mas o fato é que só fiz perguntas ao meu errático oráculo porque já sabia que um interrogatório tão límpido e justo não condizia com o modo absurdo como me fizeram esperar por ele. A irracionalidade do que vinha me acontecendo — e que me levara a criar o sistema de sinais — era prova de que seria tolice crer que um movimento da razão pudesse mudar as coisas. Percebi, não sem um certo carinho pelo sotaque mineiro do major, que ele é que estava sendo tolo. Como é possível observar no caso dos búzios e do I Ching, interpretamos as mensagens oraculares quando previamente munidos (mais ou menos inconscientemente) do conhecimento de seu conteúdo.

Nunca mais abriram a cela para Dedé entrar. A

única pessoa que entrava ali, além dos soldados que vinham me buscar para as audiências, era um jovem tenente chamado Paulo, muito bonito, que, tendo crescido em Marechal Hermes, sonhava com a vida glamorosa da Zona Sul, onde moravam todos os artistas. Ele evidentemente sabia que era muito bonito e me pedia para apresentá-lo a diretores de cinema e publicitários depois que eu saísse dali. Dizia-me que queria ser ator ou algo assim. Estava visivelmente fascinado por mim, pela minha fama, pelo mundo colorido da minha profissão. Ele entrava na cela porque, sendo tenente formado na academia, tinha, além da autoridade sobre o sargento e os soldados, regalias especiais. Mas não informou seus superiores sobre essas visitas. Eu pensava que era estranho que eu não o achasse atraente em nenhuma medida, embora ele me fosse simpático e suas conversas ingênuas me divertissem. De todo modo suas visitas foram proibidas e o major me informou disso com uma voz cheia de desaprovação amarga, como se eu também tivesse responsabilidade por elas. Senti um certo alívio por me livrar do tenente bonitão e deslumbrado. Uma outra presença me pareceu muito mais carregada de ameaça sexual: um oficial, acho que capitão, de quem me disseram que fizera curso de antiguerrilha nos Estados Unidos (e por isso portava um distintivo vermelho, não sei se no peito ou no quepe), postava-se todos os dias diante da grade e me olhava fixamente por longos minutos, sem dizer uma palavra. Ele andava com uma varetinha fina na mão e acho que muitas vezes estava de óculos escuros. Mas não sempre, pois lembro de seu olhar frio e perscrutador. Como nos dois outros quartéis onde estivera e onde não tinha nenhuma outra roupa comigo, eu ficava o dia inteiro só de cueca, quase nu. No PQD, onde acho que tinha alguma roupa na cela (não lembro de me trazerem roupas para eu vestir quando me chamavam para os banhos de sol, como acontecia na PE), eu ficava seminu também por causa do calor. Esse capitão me olhava de um modo que eu me sentia inteiramente nu e desprotegido, tinha vontade de me vestir. Sentia uma enorme repugnância pelos seus modos friamente másculos, e, diante de sua expressão enigmática, resultava igualmente desconfortável encará-lo ou olhar em outra direção.

Um dia o major Hilton me chamou e, um tanto embaraçado por terem se passado muitos dias e nada de minha liberação sair, me disse que iria pedir a presença de Randal Juliano para que fosse feita uma acareação. Passaram-se mais alguns dias — nos quais o capitão indecifrável não faltou uma só vez — e o major voltou a me chamar para dizer, sinceramente decepcionado e triste, que tinham lhe respondido que Randal Juliano não viria e não lhe deram mais explicação. Então me confessou perplexo: "Eu não sei o que está acontecendo. Você já deveria estar solto. Isso é uma vergonha". Fui levado de volta à cela e ninguém mais me disse nada. Aí disparei meu sistema de sinais e minha energia ia toda nisso. Tornei-me um adivinho consideravelmente impressionante. Anos depois, quando, comentando o caso de Thomaz Green Morton, um paranormal que entortava talheres, materializava moedas, fazia comunicações telepáticas e previa acontecimentos, meu psicanalista Rubens Molina me disse que esses todos lhe pareciam sintomas terríveis — o que será que levava esse rapaz a *precisar* realizar tais prodígios? —, eu, em vez de enfatizar o aspecto viciado da psicanálise, que quer reduzir tudo ao seu próprio esquema, considerei que Molina tinha ido ao fundo da questão: eu sabia até onde o desespero pode levar. Nos últimos dez dias que passei no PQD, eu só confiava no que me diziam os sinais que eu mesmo elegera (e elegia) para ter notícias sobre meu futuro. Um dia vieram me buscar e, como tinha sido adivinhado e a expressão dos soldados confirmava, não se tratava do major. Logo me disseram que era o capitão que queria falar comigo. Subi a colina tremendo. Os sinais não prenunciavam nenhuma catástrofe, mas o fato é que, embora nos escravizemos a ela, nunca acreditamos de todo na magia, e, vivendo a realidade, sentimos sua permanente e brutal frescura, sua falta de sentido. Ao chegar à porta do escritório do capitão — ele ocupava uma posição especial por causa de sua formação nos Estados Unidos e tinha uma sala só para si —, pensei que ia desmaiar. Ele mandou que eu entrasse, ordenou aos soldados que nos deixassem a sós e trancou a porta por dentro. Depois de me olhar por muito tempo exatamente como fazia da grade da cela, formulou, numa voz calma, compreensiva, humaníssima, doce mesmo, a seguinte pergunta: "Você está se sentindo injustiçado?". Respondi prontamente e com uma firmeza que não correspondia ao meu estado mental: "Sim, senhor. Me sinto". E experimentei um grande alívio: como fora previsto, nenhuma agressão física me seria infligida. Ele andou um pouco de um lado para o outro com um ar grave mas não hostil, e disse com tristeza sincera: "Eu entendo". Seus olhos, que tinham se desviado de mim, voltaram a me fitar com a antiga frieza. "Mas você é ingênuo ou acha que pode nos fazer de bobos?", continuou, e, mostrando uma discreta vaidade intelectual ao citar os nomes e as ideias de Freud e Marcuse (os nomes de Marx ou Lênin eram pronunciados banalmente, sem a mesma excitação), expôs toda a sofisticada interpretação que fazia do tropicalismo. Referiu-se a algumas declarações minhas à imprensa em que a palavra "desestruturar" aparecia, e, usando-a como palavra-chave, ele denunciava o insidioso poder subversivo do nosso trabalho. Dizia entender claramente que o que Gil e eu fazíamos era muito mais perigoso do que o que faziam os artistas de protesto explícito e engajamento ostensivo. Em suma, ele demonstrava estar muito mais inteirado das motivações reais para que Gil e eu estivéssemos presos do que o major Hilton, deixando implícito que sabia serem falsas as histórias de bandeira e hino e, portanto, irrelevante que eu tivesse provado inocência nisso. Não deixava de haver uma estranha atmosfera de cumplicidade entre mim e ele: poderíamos rir do major e seus ingênuos princípios e seu sotaque mineiro. Poderíamos aprofundar uma discussão sobre o conceito marcusiano de mais repressão. Mas, sem adiantar nenhuma informação sobre o que os militares mais cultos planejavam fazer comigo, sem sequer pedir que eu me pronunciasse a respeito do que ele dissera, o capitão me dispensou com ar amável, destrancou a porta e chamou os guardas para me conduzirem de volta à cela.

De novo sozinho, pensei que essa conversa do capitão era uma versão refinada da conversa do sargento da PE. Ambos me chamaram por sentirem necessidade de me exibir conhecimento e esperteza. Ambos confirmaram uma tese que eu teria usado para valorizar politicamente meu trabalho perante meus opositores da esquerda. Ambos me deixaram sem esperanças. De fato, se o que motivava minha prisão não era nenhum ato particular mas uma captação difusa por parte dos militares de algo em mim que lhes era essencialmente hostil, nada podia ser feito para eu ser solto. Só me restava contar as baratas, cantar as canções benfazejas, esperar o que vinha primeiro na programação da rádio, e fazer meus cálculos. Tudo começava a dizer que a liberação se aproximava.

Um dia ouvi uma movimentação do lado de fora da cela. Um soldado me informou tratar-se de uma "prontidão", pois havia suspeita de que os subversivos armavam um levante, mais precisamente, um atentado àquele quartel. Entrei em pânico: o que aconteceria se as coisas engrossassem lá fora, justamente agora que eu acreditava estar prestes a sair dali? Talvez nunca mais me devolvessem a liberdade, talvez me matassem. Mas a prontidão parece que não viu confirmada sua motivação e os soldados alarmistas mostraram-se decepcionados.

Havia um tenente de nome Oliveira que nunca perdia oportunidade de me humilhar ou agredir.

Quando ele era o oficial de serviço, nenhum dos abrandamentos de minha pena evidentemente encorajados pelo major era permitido. E ele passou a exigir que eu fizesse faxinas intermináveis e desnecessárias na minha cela e no banheiro. Mas qualquer dos outros oficiais agora me permitia sair à tarde até a porta do complexo que incluía a antessala, o banheiro e a cela, sentar-me numa cadeira ao lado do portão e ficar olhando a estrada em frente ao quartel. Era uma visão desolada, mas eu sugava o espaço exterior com os olhos, crendo atrair assim o grande mundo de novo para mim. O gesto silencioso de aspirar a paisagem da liberdade — tão miseravelmente representada aqui por um trecho de estrada na névoa quente e pardacenta de Deodoro — foi adotado como obrigação ritual e as canções que eu ouvia então eram computadas com valor redobrado. "Hey Jude" dos Beatles era, de tudo o que se ouvia diariamente nas paradas de sucesso — "F comme Femme", canções de Roberto Carlos, um partido alto de Martinho da Vila —, o mais forte indício de aproximação da soltura. Se a frase melódica que se repete em tom triunfal ao fim dessa canção soasse de repente — por ter o rádio sido ligado ou seu dono mudado subitamente de emissora — no exato momento de uma aspiração profunda, com os olhos grudados na curva da estrada de terra vermelha tremeluzente de calor, isso era antecipação de minha saída luminosa e feliz. Um evento desses não poderia deixar margem para dúvidas, sendo passível apenas de uma relativização que dependia da frequência dos sinais negativos que se lhe opusessem. Desse modo foi que, na semana em que se preparava outra "prontidão" — desta vez sem sustos, pois se tratava de procedimento de rotina para o Carnaval —, cheguei à minúcia de prever que receberia a ordem de liberação no alto da colina, depois do meio-dia mas antes de a tarde cair, e no ato de ingerir um alimento. Esses dados foram deduzidos não apenas da leitura mecânica dos sinais já convencionados, mas do seu permanente enriquecimento conseguido com injeções de sentido feitas de última hora e, sobretudo, no modo como eu formulava as perguntas em cada caso. Eu me dizia: "Se eu lançar o jato de Baygon nessa barata e ela conseguir fugir sem morrer, haverá um atraso de três dias na ordem de liberação"; e também: "Se

'Hey Jude' for assoviada por um soldado do lado de fora da cela, isso dará um empurrão muito mais fraco em direção à liberdade do que se a mesma canção for cantada pelo soldado; se, porém, ela for executada no rádio antes do pôr do sol, o atraso se reduzirá em doze horas" etc. Eu não devia assoviar nenhuma das canções benfazejas — isso as enfraqueceria. Era bom que as cantasse — como uma oração —, mas, como augúrio, elas tinham muito mais valor se ouvidas casualmente. Interpretei as informações que obtive a respeito de hora e local do recebimento da notícia de soltura como um anúncio de que esta me encontraria em pleno almoço no "cassino" dos oficiais (onde passara a fazer as refeições desde que Dedé conseguira provar que eu tinha uma cicatriz no pulmão), às tantas horas (eu era exato) da tarde da quarta-feira seguinte — que eu mal lembrava que era a Quarta-Feira de Cinzas, recusando-me a me lamentar por não estar na Bahia para o Carnaval. Aquele — o de 69 — foi o Carnaval de "Atrás do trio elétrico", minha marcha-frevo que divulgou esses conjuntos musicais dos Carnavais baianos e desencadeou seu desenvolvimento, com consequências perceptíveis hoje, entre outras coisas, no sucesso da indústria de música para o Carnaval na Bahia, o fenômeno que veio a ser apelidado de "axé music". Mas naquelas tardes de mormaço do quartel eu não pensava que as ruas de Salvador estavam cheias e que minha marchinha dominava: apenas fazia minhas contas.

Por vezes, já depois de muito tempo em liberdade, me surpreendi, não sem um certo horror, me entregando à lânguida nostalgia de um lugar e um tempo remotos, que em poucos segundos reconheci tratar-se dos dias no PQD. Não sentia, nesses momentos, saudade do sofrimento em si, nem das excitações da premonição (que abomino com irritação), mas de um abandono morno e gostoso, alguma coisa escondida na percepção íntima do corpo. Atribuí esse sentimento ao fato de, no PQD, eu estar, a partir de um determinado momento, apenas aguardando a liberação. Hoje considero um fator pelo menos igualmente determinante eu ter, àquela altura, depois de vários dias almoçando e jantando entre os oficiais, começado a engordar. O calor, a limitação do espaço e a dependência de ordens superiores faziam com que os dias no PQD se confundissem em minha memória com Santo Amaro e a infância. Mas a estranha felicidade que eu extraía dessas saudades — às vezes desencadeadas pela audição de uma música ouvida ali com frequência mas esquecida — me leva a pensar em como ela aponta para a evidência de que gostamos de viver: acho que naqueles momentos rememorados eu sentia que estava ganhando peso, lentamente salvando minha vida, como na infância. Entendi por que tantas vezes somos nostálgicos de fases de nossa meninice que foram vividas na infelicidade: o som fanhoso de uma música sem interesse ouvida entre pessoas desprezíveis num crepúsculo sem cor pode, na lembrança, nos remeter a sensações corporais indizivelmente prazerosas. Com efeito, vivi a nostalgia de momentos na prisão dos paraquedistas como as mulheres vivem a nostalgia da gravidez. Houve momentos, no quartel dos paraquedistas, em que, sem ainda a alegria da iminência da libertação e já não mais com o pavor de ver iniciar-se um pesadelo, atingi um ponto zero em que eu, simplesmente, era. Esses lapsos de nostalgia daqueles momentos — que não significavam um desejo de voltar a eles — surgiam como portas abertas para o sentimento perene dentro de mim da doçura de existir.

Durante o almoço no "cassino" dos oficiais, na Quarta-Feira de Cinzas, eu esperava, com uma certeza inquietantemente tranquila, a chegada dos emissários do major com a ordem de soltura. Eu não me dava autorização para crer. A premonição era tão ousadamente precisa que eu considerava ridícula a perspectiva de que se realizasse. Por outro lado, em regiões íntimas de minha mente, eu temia essa realização, pois previa uma indesejável prisão ao sistema supersticioso. Mas eu ansiava tanto pela liberação — e tinha me dedicado tanto aos meus rituais no sentido de consegui-la — que não era agora, porque me sentia quase solto — e, portanto, corajoso —, que ia sucumbir à tentação de me livrar dos poderes mágicos. Mesmo porque talvez uma eventual frustração da expectativa viesse a ser, em seguida, tributada a esse desrespeito de última hora às leis do sistema. Assim, eu torcia pelo cumprimento da predição. E foi com um sentimento de frio assombro que a vi cumprir-se. Ainda estava mastigando uma das últimas garfadas do que ainda restava no prato, quando dois oficiais, vindos de fora do "cassino", se aproximaram da mesa que eu dividia com tenentes e capitães e me ordenaram que levantasse e fosse arrumar minhas coisas para ir embora: "Você vai ser liberado". Os sinais tinham me afirmado que eu receberia tal ordem "enquanto estivesse comendo", e mesmo que eu "nem chegaria a terminar a refeição". Como nos filmes de aventura, o desenlace chegou no último momento, quando eu já temia que o almoço se encerrasse e ninguém viesse me chamar. Eu olhava para a porta pensando: "Não há mais tempo, é agora ou não é", quando vi entrarem aqueles oficiais. Tive vontade de rir. Na verdade, ri por dentro. Com uma ponta de mal-estar pela experiência radical de solidão que uma tal situação propicia. Mas a alegria de me saber livre, a perspectiva de poder estar sozinho com Dedé, de rever meus pais e meus irmãos — e Gil — eram maiores do que as angústias da alma encurralada num sistema. Afinal, ser solto era meu objetivo prioritário, e eu quase tinha dito a mim mesmo que para atingi-lo pagaria qualquer preço. Eu estava solto, era o que importava — se tinha assumido um compromisso sobrenatural, depois eu veria os desdobramentos.

Mas — eu estava solto? Deixei o resto de comida no prato e segui os oficiais. Peguei minhas coisas na cela, ouvi cumprimentos de sargentos e soldados — e do major — e em breve estava de novo ao lado de Gil numa caminhonete que nos levou de Deodoro até a delegacia central da Polícia Federal, no centro da cidade. Ali permanecemos mais tempo do que no dia em que eles efetuaram nossa prisão. Pernoitamos lá, sem que nos dessem maiores informações sobre o que nos aconteceria. Uma alta autoridade — suponho que a autoridade máxima daquela organização no então estado da Guanabara — veio falar conosco no dia seguinte. Ele nos disse que recebera ordem de nos levar pessoalmente até Salvador, e que para tanto nos conduziria ao Aeroporto Santos Dumont, onde embarcaríamos num jatinho da força aérea. O fato de continuar preso tinha desvalorizado consideravelmente meu sistema. O que, se por um lado significava um alívio, por outro trazia de volta uma insegurança que naturalmente incluiria o medo de avião. Contudo, uma intolerável impaciência me tomava e esta era maior do que qualquer medo. Mas o jatinho apresentou problemas técnicos que impossibilitaram a decolagem e nós tivemos que voltar para a Polícia Federal. Horas depois fomos outra vez chamados e, de novo, o chefe nos conduziu ao aeroporto, onde embarcamos num avião da FAB, em quase tudo igual a um avião de voo comercial, cheio de passageiros à paisana, inclusive senhoras e crianças. Além do chefe da Polícia Federal, outro policial embarcou (ou dois outros?) conosco. Como sempre, Gil separado de mim, cada um de nós sentado ao lado de um deles. (Em minha lembrança, estive algemado ao federal que me guardava todo o tempo do voo do Rio a Salvador.) Essa indefinição de nossa situação — estávamos soltos ou não estávamos? —, a indecisão quanto à viagem — esperamos um dia, embarcamos num jatinho que não partiu, agora voávamos entre familiares de militares — e a ignorância do que nos esperava em Salvador (embora nos dissessem que estávamos a caminho da liberação) me deixaram extenuado e eu me sentia, no avião que varava nuvens acinzentadas, num limbo entre o medo e a dor, sem crer que pudesse estar realizando nenhum movimento: preso àquele homem ao meu lado, vendo aquela eterna cor fria pela janela arredondada nos cantos, eu tinha medo de morrer, acreditava já estar morto, sonhava com a esperança de alegria que conhecera havia um dia apenas. Percebi que essa alegria não era uma ilusão e que ela podia voltar quando o avião começou a preparar-se para a aterrissagem e vi Salvador surgir dentre as nuvens. Quando o avião pousou tive medo de não ter forças para vivê-la. Minhas pernas tremiam, o zumbido no ouvido — que me acompanha desde a adolescência — parecia impor-se sobre todos os sons do aeroporto. Oficiais da força aérea que estavam à espera do avião falavam com o chefe da Polícia Federal que nos trouxera e percebi que discutiam. Os militares da aeronáutica nos levaram pelo braço, sob protestos do policial. Fomos atirados numa cela do quartel da força aérea de Salvador, onde o comportamento dos sargentos e tenentes estava muito mais perto da brutalidade arrogante da PE do que da relativa cortesia dos paraquedistas. Dessa vez, no entanto, nos puseram juntos, Gil e eu. Tentamos conversar — e como nos achávámos estranhos! —, mas os gritos dos militares nos faziam calar. Esse golpe me pegara no fim das minhas forças. O dedo mínimo da minha mão direita ficou totalmente dormente — essa sensação de anestesia perduraria por meses e só se desfaria aos poucos. Passamos algumas horas ali. A aeronáutica, em Salvador, tinha recebido a ordem de nos prender em dezembro (para o caso de nós termos fugido de São Paulo) e nunca tinha vindo uma contraordem, assim, eles estavam recomeçando tudo da estaca zero. Nem sequer sabiam que estivéramos todo esse tempo presos. Essa tinha sido a causa da discussão entre o policial e os aviadores, que não pareciam dispostos a perder essa oportunidade de nos ter com eles. Quando ficou esclarecido que iríamos embora, muitos deles, exibindo sadismo, disseram lamentar que não ficássemos, pois tinham "ótimos planos" para nós.

O chefe da Polícia Federal carioca nos levou para a delegacia central da organização em Salvador e nos entregou à responsabilidade de um coronel Luiz Arthur, chefe da PF na Bahia. Este, depois que o seu colega saiu, nos fez algumas perguntas sobre a passeata dos 100 mil, mostrando-nos fotografias de jornais em que aparecíamos entre os manifestantes, e nos confessou seu desconforto com o fato de nos ter recebido diretamente das mãos da maior autoridade da PF do Rio, que viera pessoalmente pois eles não queriam um só papel oficializando nossa situação. Perguntou-nos se tínhamos para onde ir em Salvador. Dissemos que sim, e ele nos disse que tomássemos um táxi e fôssemos embora. Antes que saíssemos, pediu que assinássemos num livro grande, informando-nos que estávamos terminantemente proibidos de deixar a Cidade do Salvador e que tínhamos de nos apresentar a ele diariamente, caso contrário voltaríamos para o xadrez. "Confinamento" era a palavra que ele usava para diferençar o regime de prisão a que passávamos a nos submeter daquele ao qual estivéramos submetidos até então. Era noite. Ao sair dali com Gil, me senti perdido. Não sabia se não tinha forças para andar, se não estava sendo capaz de reconhecer a cidade, se devia me considerar solto ou não, se ainda saberia viver. Gil quis ir comigo até minha casa. Suponho que tivesse percebido meu estado e quisesse continuar cuidando de mim. Mas também é provável que tenha tido necessidade de adiar sua própria chegada à casa da tia que o criou e mesmo de estar em contato com minha família, a que ele sempre atribuiu uma espécie de valor espiritual.

Ao chegarmos em casa de meus pais, na rua Prado Valadares, no fim de linha de Nazaré, encontramos apenas Nicinha, minha irmã mais velha, que tinha ficado tomando conta da casa enquanto todos os outros tinham ido ao aeroporto nos esperar, pois tinham sido notificados por autoridades do Rio sobre nossa chegada. Gil sentou-se numa cadeira e ficou muito quieto. Lembro que ele me parecia um menino de uns nove anos, com um meio sorriso parado nos lábios. Eu me sentia absolutamente estranho a mim mesmo. Sabia que Nicinha era Nicinha, mas não a reconhecia propriamente. Tampouco reconhecia a casa. As fotografias nas paredes — de meus irmãos, minhas, de meus pais — me pareciam não apenas de pessoas desconhecidas, mas de *coisas* desconhecidas. Ainda assim eu sabia que Bethânia era Bethânia e Rodrigo, Rodrigo. Todos os modernos elogios da esquizofrenia que li depois — sobretudo *O anti-Édipo* de Guattari e Deleuze — me enojaram por causa do horror dessas horas de loucura. Aqui eu tinha a mesma desesperada saudade de mim, do meu mundo, da vida, que experimentara na viagem de auasca — só que não podia sequer me dizer tratar-se do efeito de uma droga e que iria passar. Eu corria de um lado para o outro da casa, sem que Nicinha pudesse me conter. Na verdade, eu fugia de um canto onde tudo estava na iminência de se mostrar terrível e sempre deparava-me com outro em iguais circunstâncias. Lembro de ver uma lágrima no rosto infantil de Gil, mas eu não podia sequer parar para tentar retê-lo em meu coração. Em suma, a liberdade chegara, mas eu já não estava ali: tinha esperado demais. Por um momento tive certeza de que tudo tinha acabado, que eu não voltaria nunca do inferno onde tinha caído. Foi então que ouvi as vozes e os passos na escada e vi surgirem, em minha frente, meu pai e minha mãe. Ele me olhou como se entendesse exatamente o que eu estava sentindo — como ninguém mais poderia olhar — e me disse, usando um palavrão como nunca o fizera na vista de minha mãe, e numa voz firme que me trouxe de volta à casa, ao amor, aos problemas, à vida: "Não me diga que você deixou esses filhos da puta lhe deixarem nervoso!".

Arquivo

Em abril de 2018, o historiador Lucas Pedretti encontrou no Arquivo Nacional o processo aberto pela ditadura militar contra Caetano Veloso com base no AI-5. Foi só então que Caetano tomou conhecimento da existência desses documentos. A leitura lhe permitiu saber, em detalhes, como era visto pelo regime, e também os motivos de sua prisão, que nunca foram esclarecidos oficialmente. Algumas páginas do processo foram escolhidas por Renato Terra e Ricardo Calil para o documentário *Narciso em férias*, lançado em 2020, sobre a prisão de Caetano. A dupla de documentaristas fez uma nova seleção para este livro.

Entre os arquivos estão a transcrição dos interrogatórios feitos pelo major Hilton Justino Ferreira, além de letras de músicas, recibos, contratos e extratos bancários. Os documentos revelam que Caetano foi investigado por razões diversas (como a participação na Passeata dos Cem Mil ou o célebre discurso durante a apresentação de "É proibido proibir" no Festival Internacional da Canção de 1968). Mas também deixam claro que o estopim para a prisão de Caetano e de Gilberto Gil foi o que hoje chamamos de "fake news": a falsa informação, transmitida pelo radialista Randal Juliano, de que os dois artistas teriam cantado o Hino Nacional de forma deturpada, "em ritmo de Tropicália", durante um show na Boate Sucata, no Rio de Janeiro.

Os editores

Brasília, DF,

Em   de   de 1969.

EXPOSIÇÃO DE MOTIVOS Nº   /69

EXCELENTÍSSIMO SENHOR PRESIDENTE DA REPÚBLICA

Tenho a honra de dirigir-me a Vossa Excelência, rela
tivamente à representação do Ministro de Estado da Justiça, para
suspensão dos direitos políticos do senhor **CAETANO EMANOEL VIANA
TELES VELOSO**, Cantor e Compositor, nos têrmos do Artigo 2º, do At
Complementar nº 39.

2.   Esta Secretaria-Geral, após proceder a minucioso e
tudo do assunto, compulsando a farta documentação encaminhada p
lo Serviço Nacional de Informações e pelos demais órgãos de info
mações, concluiu pela inteira procedência da medida proposta, e
face das atividades subversivas desenvolvidas pelo indiciado.

3.   Como exemplo dessas atividades, destacam-se os tr

(Continuação da EXPOSIÇÃO DE MOTIVOS Nº ___/69___ - ___Fls. 2)

chos abaixo, constantes da documentação anexa:

3.1 - INFORMAÇÃO DO SERVIÇO NACIONAL DE INFORMAÇÕES

    3.1.1 - Extrato de Prontuário

        - Compositor e Cantor.

        - Foi relacionado entre os elementos divulgadores de propaganda de caráter subversivo, especialmente pelo disco de sua autoria "CHE", apreendido em 1968 pela Polícia Federal.

    3.1.2 - HISTÓRICO DAS ATIVIDADES

       1966

        - Assinou manifesto dirigido ao governador da Guanabara protestando contra a suspensão pelo DOPS, da peça denominada CIRANDA.

       1968

        - Foi apreendido pela Polícia Federal todos os discos da música "CHE", de sua autoria.

       1969

        - Pronunciou-se sôbre "Caminhos da Música Popular", na "Semana da Cultura" promovida pelo Instituto Brasileiro para o Desenvolvimento do DA "Barão de Mauá" da Faculdade de Ciências Políticas e Econômicas do RIO.

(Continuação da EXPOSIÇÃO DE MOTIVOS Nº   /69   -   Fls.

4.   Nestas condições, peço vênia sugerir, ouvido o CONS
LHO DE SEGURANÇA NACIONAL, na conformidade do Artigo 5º, do A
Complementar nº 39, sejam suspensos os direitos políticos pe
prazo de dez (10) anos do senhor **CAETANO EMANOEL VIANA TELES V
LOSO**, consoante dispõe o Artigo 4º, do Ato Institucional nº 5,
13 de dezembro de 1968.

          Aproveito a oportunidade para reiterar a Vossa Ex
lência meus protestos da mais alta estima e profundo respeito.

                         Gen Div JAYME PORTELLA DE MELLO
                              Secretário-Geral do
                         CONSELHO DE SEGURANÇA NACIONAL

Com base no artigo 4º do AI-5, o general Jayme Portella de Mello pede a suspensão dos direitos políticos de Caetano Veloso. O artigo 4º dizia o seguinte: "No interesse de preservar a Revolução, o Presidente da República, ouvido o Conselho de Segurança Nacional, e sem as limitações previstas na Constituição, poderá suspender os direitos políticos de quaisquer cidadãos pelo prazo de 10 anos e cassar mandatos eletivos federais, estaduais e municipais".

O artigo 5º dizia que a "suspensão dos direitos políticos, com base neste Ato, importa, simultaneamente", entre outras coisas, na "suspensão do direito de votar", na "proibição de atividades ou manifestação sobre assunto de natureza política", na "proibição de frequentar determinados lugares" e, quando necessário, na "liberdade vigiada", em "domicílio determinado".

Um dos motivos apresentados menciona um disco intitulado "Che". Caetano, no entanto, garante que nunca lançou tal disco. Há a remota possibilidade de se tratar de uma alusão errada à música "Soy loco por ti America".

MINISTÉRIO DO EXÉRCITO
1º GRUPO DE ARTILHARIA AEROTERRESTRE

Rio de Janeiro, GB, 15 Jan 69

Ofício nº 3/JUSTIÇA

Do Encarregado de Investigação Sumária

Ao Exmo Sr Ch do CENIMAR

Assunto :- Dossier

Solicito a V Exª a fineza de enviar com a possível urgência para êste encarregado de Investigação Sumária, o dossier - ou o/ que constar - de CAETANO EMANOEL VIANA TELES VELOSO (Cantor) o // qual se encontra atualmente prêso nesta O M para fins de averiguações e interrogatório com vistas à subversão e incitamento à desordem.

HILTON JUSTINO FERREIRA
Maj Encarregado da Inv Sumária

Recebi a 1ª via em 16/1/69

SECRETO

Caetano foi preso no dia 27 de dezembro de 1968. Passou uma semana numa solitária do quartel da Polícia do Exército na rua Barão de Mesquita, no Rio de Janeiro, e em seguida foi transferido para outros dois quartéis sem saber o motivo de sua prisão. No dia 15 de janeiro de 1969, o major Hilton Justino Ferreira ainda pedia informações para realizar o interrogatório. Somente em 23 de janeiro, quase um mês depois, Caetano tomou conhecimento das falsas denúncias que provocaram sua detenção.

SECRETO
ULTRA-SECRETO

MINISTÉRIO DO EXÉRCITO
I EXÉRCITO - BDA AET

_____ Unidade Captora

FÔLHA DE REGISTRO DE DADOS

1. EQUIPE CAPTORA
   Nome do Chefe da Equipe _____
   Ato da Prisão - Houve Reação _____ Não Houve Reação _____
   Outros Dados Julgados Úteis _____
   _____
   _____

2. PRÊSO
   Nome CAETANO EMANOEL VIANA TELES VELOSO Filiação José Teles Velo
   so e de Claudionor Viana Teles Veloso
   Estado Civil Casado Naturalidade Santo Amaro - Bahia
   Data de Nascimento 7 Ago 42 Profissão Cantor e Compositor
   Local da Prisão Av São Luiz nº43 Apt 2002 - São Paulo - SP
   Atividades Subversivas (classificar de acôrdo com as 10 classes)
   _____
   Outros dados julgados úteis Hora da prisão: 0600 Hs do dia 27 Dez 68
   pela Polícia Federal dizendo ao prêso ser ordem do I Exército Cert
   Isenção Sv/Mil nº_____, série "C"/17ª CR, de 3 Ago 62; título Eleitor
   _____/Santo Amaro-Bahia; Iat Reg_____; 8 Jan 60, do Inst Pedro Melo
   Salvador-Bahia.

3. BUSCA E APREENSÃO DE MATERIAL SUBVERSIVO
   - Publicações _____
   - Panfletos _____
   - Armas e Mun _____
   - Explosivos _____
   - Diversos _____
   - Outros Dados Julgados Úteis _____

4. Os dados do item nº1 deixam de ser preenchidos por falta de informações fornecidas pelos autos e por não ter sido feita a prisão pelo Exército. O indiciado foi prêso por 2(dois) elementos da Polícia Federal às 0600 horas do dia 27 Dez 68, em sua residência, sem reação, ou violências sendo trazido para o Ministério do Exército por êsses elementos, e daí foi recolhido prêso ao 1º Batalhão de Polícia do Exército, onde permaneceu 7(sete)dias. Veio posteriormente para a 1ª Cia de PE/Vila Militar, onde permaneceu 7 ou 8 dias, tendo sido recolhido ao xadrez do 1º G A Aet às 16,15 horas do dia 10 Jan 69.

Rio de Janeiro, 24 de Janeiro de 1969

ULTRA-SECRETO
SECRETO

Detalhes sobre o dia da prisão de Caetano e Gil mostram que eles foram presos por agentes da Polícia Federal e que não reagiram.

Depois de passar 21 dias encarcerado sem saber por quê, Caetano começa a ser interrogado. "Eles queriam saber informações muito precisas. Eu percebia que era uma coisa, por um lado, hiperburocrática, mas também tinha um toque de ameaça. Em qualquer situação, eles tinham coberto toda a minha parentela", disse Caetano em entrevista realizada para o documentário *Narciso em férias*.

TÊRMO DE INQUIRIÇÃO DO INDICIADO

DECLARAÇÃO DE BENS

Aos dezesseis dias do mês de janeiro do ano de mil novecentos e sessenta e nove nesta cidade do Rio de Janeiro, Estado da Guanabara, no quartel do 1º Grupo de Artilharia Aeroterrestre, presente o Major Art HILTON JUSTINO FERREIRA, encarregado desta Investigação Sumária, comigo 2º Sgt LUIZ CARLOS DE CARVALHO, servindo de Escrivão, compareceu CAETANO EMANOEL VIANA TELES VELOSO, a fim de ser interrogado e declarar os bens móveis, imóveis e semoventes, bem como todos os valôres que possue. Em seguida, passou aquéla autoridade a interrogá-lo da maneira seguinte: qual o seu nome, idade, filiação, estado civil, naturalidade, profissão e residência, respondeu que: CAETANO EMANOEL VIANA TELES VELOSO, com 26 anos de idade, filho de JOSE TELES VELOSO e de CLAUDIONOR VIANA TELES VELOSO, casado no civil e religioso, na Igreja de São Pedro, situada na Piedade, na cidade de Salvador, Estado da Bahia, nascido em Santo Amaro, Estado da Bahia, profissão atual Cantor e Compositor, residente na Avenida São Luiz, nº 46, digo, nº43, Apt 2002, São Paulo Estado de São Paulo. Perguntado qual a sua ocupação passada, respondeu que: até aos dezessete anos foi estudante, fazendo o curso primário na Escola Dr Bião, cuja Diretora era Dona Cremilda Mutti, e Santo Amaro, Bahia; o curso Ginasial no Centro Educacional Teodor Sampaio, cujo Diretor era o Padre Antenor Celino, em Santo Amaro, Bahia; em 1960, 61 e 62, fêz o curso Classico no Colégio Severino Vieira, na cidade de Salvador, Bahia, cujo Diretor era o Dr Armando Costa e teve os seguintes professôres: Dona Candolina, Maria Helena, Eliza Saldanha, Aline, Celeste Aida, Emiliana, Sr Silvio, D Bahia, sem se lembrar de outros no momento. Em 1960 residiu no Bairro Tororó, em Salvador, junto de 4(quatro) irmãos; em 1961, seus apis, digo, seus pais se transferiram para Salvador residindo no mesmo lugar, inicialmente, mudando-se para a Rua Bolevar Suisso, Nazareth, Salvador, Bahia, sem se lembrar do número; em 1962 residiu na Rua Prado Valadares nº18, 1º Andar, Nazareth, Salvador, Bahia, onde até a data atual residem seus pais com três filhos, sendo dois de criação. Possue os irmãos: Eunice Oliveira, residente com os pais, doméstica; Clara Maria Veloso Barreto, casada com Lairton Barreto, doméstica e êle funcionário da Petrobrás, residente no Bairro Tororó, Salvador, Bahia; Maria Izabel Veloso Mes-

- Continua -

SECRETO

(Continuação do Têrmo de Inquirição do Indiciado)

quita, casada com Antonio Mesquita, professôra primária e êle Funcionário do Banco do Brasil, residente em Santo Amaro, Bahia; Rodrigo Antonio Viana Teles Veloso, solteiro, residente com os pais, funcionário da Companhia de Energia Elétrica da Bahia; Roberto Jose Viana Teles Veloso, Solteiro, residente com os pais e atualmente residendo, digo, residindo com o indiciado com possibilidade de fixar residência em São Paulo, funcionário da Superintedância de Turismo da cidade de Salvador, Bahia; Maria Betânia Viana Teles Veloso, sl, digo, solteira, residente à rua Cupertino Durão, nº 26, Apt ignorado, Leblon, Rio de Janeiro, GB, profissão Cantora; Irene Vieira Hilling, solteira, residente com os pais, estudante do Colégio de Aplicação da Faculdade de Filosofia da Universidade Católica da Bahia, em Salvador; a primeira e a última retro citada são filhas de criação. Em 1963 e 1964 o indiciado estudou na Faculdade de Filosofia da Universidade Católica, digo, Faculdade de Filosofia da Universidade da Bahia, cursando a matéria filosofia. No fim do ano de 1964 sua irmã Maria Betânia, foi convidade para participar como cantora o espetál, digo, espetáculo opinião, no Teatro Opinião, no Rio de Janeiro, vindo o indiciado para esta cidade acompanhando sua irmã; em 1965 no mês de maio aproximadamente o espetáculo foi para São Paulo, quando o indiciado, acompanhante de sua irmã, junto com Gilberto Gil, Antonio Jose, Maria da Graça e a própria Maria Betânia, todos cantores e compositôres foram convidados para fazer novo espetáculo, chamado "Arena Canta Bahia", com duração de um mês, no Teatro Brasileiro de Comédia, em São Paulo; O indiciado retornou à Bahia onde permaneceu até meados de 1966, quando trabalhou por dois ou três meses na Companhia "ORGAPE", Companhia de Publicidade. Em meados de 1966 veio para o Rio de Janeiro lançar suas musicas e trabalhar como cantor e compositor, sem local certo, permanecendo até meados de 1967, quando foi para São Paulo a convite da TV Record trabalhar nessa emissora, fixando residência em São Paulo, inicialmente na casa de Guilherme Araujo, depois no Hotel Danubio e finalmente na Avenida São Luiz nº 43 Apt 2002, Centro, São Paulo, Capital. Em 1966, no Rio de Janeiro era amigo de Gilberto Gil, cantor e compositor; Guilherme Araujo, Empresário e foi produtor de Televisão; Jards Anet, violonista; e Maria Betânia. Em 1967, em São Paulo fêz-se amigo de Blota Junior, Deputado Estadual e Apresentador de TV, desconhecendo seu endereço; Paulo Machado de Carvalho Filho, Diretor da TV Record, cujo endereço desconhece;

- Continu

SECRETO

SECRETO

CAETANO VELOSO

EXTRATO DA CONTA BANCARIA

CAETANO EMANOEL V. TELES VELOSO.
Rua Sao Luiz;43 ap: 2002.
S.P.

TIPO: 203 NÚMERO: 046224
AG. SETE DE ABRIL

BANCO NACIONAL
DE MINAS GERAIS S.A.
(BNMG)

EXTRATO PARA SIMPLES VERIFICAÇÃO.
QUALQUER DIVERGÊNCIA DEVE SER
ACUSADA IMEDIATAMENTE.

DATA	HISTORICO		DÉBITO	CRÉDITO
03.12	ch	176	80,00	
04.12	ch	177	200,00	
04.12	dep			4.964,86
05.12	ch	178	170,00	
06.12	dep			1.000,00
06.12	ch	179	1.500,00	
06.12	debt avis		1.000,00	
09.12	ch	342	2.000,00	
11.12	ch	3411	1.000,00	
12.12	dep ch			241,55
13.12	juros			27,22
16.12	dep ch			4.816,72
16.12	ch	332	2.000,00	
20.12	ch	333	170,00	
13.01.69	ch	331	200,00	

BANCO NACIONAL DE MINAS GERAIS S.A.
AG. 7 DE ABRIL

NOTA: A numeracao de cheques e indicada pelos três algarismos finais

SALDO ANTERIOR	SALDO ATUAL
NCr$ 659,38	NCr$ 3.389,73

No relatório constam recibos, documentos dos bens de Caetano, contratos profissionais e até o extrato de sua conta bancária.

SECRETO

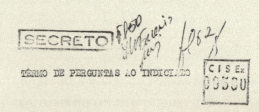

TÊRMO DE PERGUNTAS AO INDICIADO

Aos vinte e três de dias do mês de janeiro do ano de mil novecentos e sessenta e nove, nesta cidade do Rio de Janeiro, Estado da Guanabara, no quartel do Primeiro Grupo de Artilharia Aeroterrestre, presente Major HILTON JUSTINO FERREIRA, Encarregado desta Inquirição Sumária, comigo Segundo Sargento LUIZ CARLOS DE CARVALHO, servindo de Escrivão, compareceu CAETANO EMANOEL VIANA TELES VELOSO, a fim de ser interrogado sôbre os documentos de fôlhas nº 4 (quatro), que lhe foi lida. Em seguida, passou aquela autoridade a interrogá-lo da maneira seguinte: qual o seu nome, idade, filiação, estado civil, naturalidade, profissão e residência. Respondeu: CAETANO EMANOEL VIANA TELES VELOSO, vinte e seis anos, José Teles Veloso e Claudionor Viana Teles Veloso, casado, Santo Amaro, Estado da Bahia, Cantor e Compositor, Av São Luiz nº43, Apt 2002, São Paulo, Estado de São Paulo; perguntado como se dera o fato narrado nos documentos de fôlhas nº 4 (quatro) e que lhe foram lidas, respondeu que: no final do mês de setembro encontrava-me no Rio de Janeiro, cumprindo contrato de um show de duas semas na Boate Sucata, Leblon, Rio de Janeiro, GB cumprido o referido contrato voltou a São Paulo, onde algumas pessoas, entre as quais Gilda, secretária de seu empresário, próximo, digo, lhe disseram que o apresentador e Disc-jóquei de rádio RANDAL JULIANO, teria declarado em público no programa Guerra é Guerra, na TV Recórd, que o declarante teria cantado o Hino Nacional deturpado, em forma de paródia na Boate Sucata no Leblon No referido programa encontravam-se Jô Soares, Hebe Camargo e Elis Regina; o declarante não se lembra exatamente se Gilda ou outras pessoas se referiram ao Hino Nacional, Hino à Bandeira ou Bandeira Nacional; o declarante ficou irritado o que ouviu por diversas vezes por diversas pessoas e não tem nada porque o show que declarante fêz foi público em para o público, estando evidente para o declarante que não éra verdade o fato citado por Randal Juliano; apresenta como testemunha Ricardo Amaral, proprietário da Boate Sucata, "Pelé, digo, Pelé, funcionário da propria Boate e encarregado da iluminação na época; É notório em São Paulo, afirma o declarante, que Randal Juliano "o picha" muito, por ter, digo, porque as letras de suas músicas não tem sentido, que a seu cabelo grande éra horrível, suas roupas estravagantes etc; no ver do d-

SECRETO Continua

SECRETO   CISEx 00500

(Continuação do têrmo de perguntas ao Indiciado)

clarante o falar mal do disc-jóquei não passa de promoção em benefício ou causa própria, que, com isso, se torna agressivo e adquire um suposto ar de seriedade crítica, gostando muito de falar mal para chamar a atenção para sí; êste último fato foi o estímulo para o declarante não reagir; o declarante tem uma certa insegurança na realidade, digo, na precisão dos fatos ocorridos em São Paulo a êsse respeito por que lhe foram contadas por diversas pessoas; o declarante ficou admirado dessas afirmações que tomou conhecimento por outrem. Perguntado se sabe cantar o Hino Nacional respondeu que sim; perguntado se sabe cantar o Hino à Bandeira, respondeu que não sei se me lembro todo; perguntado se sabe cantar a tropicalia respondeu que sei, por que é o autor e cantor dessa música; perguntado se sabe cantar o Hino Nacional com a melodia da tropicalia, respondeu que é impossível, por que os versos do Hino Nacional são decassílaba e os versos da tropicália tem oito sílabas poéticas e além disso a acentuação poética da canção é totalmente diferente da do Hino Nacional; perguntado se sabe cantar o Hino Nacional com melodia diferente da correta respondeu que não sabe; perguntado se o Hino Nacional pode ser cantado com outro tipo de melodia respondeu que técnicamente sim; perguntado se seria capaz de cantar o Hino Nacional com melodia diferente da correta em qualquer lugar respondeu que não, por que o Hino Nacional é a canção oficial da Nação Brasileira e eu sou brasileiro; perguntado qual a diferença entre hino e canção respondeu que canção é uma forma de música para ser cantada e hino é uma forma particular e especial de canção; quanto ao documento de fôlha nº 13 e15 disse que: // jamais participei de grupo de cantores e compositores e qualquer tipo de orientação, não sendo filiado a nenhum grupo ou organização de cantores e compositores, a não ser a Ordem dos Músicos, por obrigatoriedade, isto é, por lei e a Sociedade arrecadadora de direitos Autorais, nada sabendo sôbre o constante do documento no que diz respeito a orientação filo-comunista, nem sabendo que é isto e nem jamais tendo ouvido falar nêsse têrmo; atuando em franca atividade, digo, // jamais atuando nos meios culturais, a minha vida se resume na música, na minha familia, no meu trabalho honesto sem más intenções, como deixo antever em minhas composições e como Tropicália, Alegria Alegria, Baby, Remelexo, Atráz do Trio Elétrico, etc; perguntado, então, por que assinou manifesto de orientação típica de comunistas respondeu que assinou os manifestos constantes dêste processo sem ter lido a íntegra do documento, assinou por que viu assinatura de outros cantores e compositores e artistas em geral seus conhecidos, no entanto, assinou sem saber o conteúdo, sendo o pedido para a assinatura feito por pessoas que nem conhecia e que batiam à porta de sua casa pedindo sua assinatura dizendo que "todos os artistas já assinaram e que/

- Continua -

SECRETO

(Continuação do têrmo de perguntas ao indiciado)

éra manifesto já assinado por todos artistas", as pessoas que entregavam manifestos eram estudantes aparentemente; perguntado se teve/ alguma ligação com elementos ligados aos meios culturais respondeu que não, mas por duas vezes encontrou-se com JORGE AMADO em Salvador e com o qual apenas conversou sôbre suas músicas, as quais Jorge Amado elogiava; ambas as vezes, sòmente se tratou de música e o encontro do indiciado com aquêle cidadão deu-se por convite de Jorge/ Amado para que o indiciado fôsse à sua casa, na presença da espôsa / dêste; perguntado se conhece e se já teve entendimento com CARLOS / HEITOR CONY ou OTTO MARIA CARPEUX respondeu que não conhece e não teve entendimentos e nunca os viu; perguntado se leu a íntegra do / manifesto consta do documento de fôlha nº =13= respondeu que não e/ nem se lembra de ter assinado tal documento, não sabendo nem se assinou tal documento e, se tivesse lido, não assinaria, estando até, mesmo antes de ser prêso, já decidido a não assinar mais manifesto algum, por ter, digo, por que pensou que, se quizesse manifestar alguma / idéia, êle próprio tomaria esta decisão e não ía jamais acompanhar / a idéia de outros que jamais até, digo, que jamais soube qual éra; / perguntado se já havia pensado alguma vez em manifestar seu protesto e sua estranheza a arte de terrorismo cultural ou ainda atitudes arbitrarias de autoridades e mesmo difamá-las respondeu que nem sei nem o que é terrorismo cultural e nunca ouviu falar nisso e portanto nunca pensei em manifestar nada a não ser a minha música que é / do conhecimento público e é o meu trabalho ao qual me dedico exclusivamente, jamais pensei em difamar alguém seja quem fôr, jamais // pensou nas atitudes de autoridades e muito menos nas arbitrarias que nem sabe quais sejam ou que lhe constem; sôbre o documento de fôlha nº =16= disse que participou, digo, disse que no dia da passeata dos/ cem mil, a única a que compareci, encontrava-me no Rio de Janeiro,/ para uma temporada de 5(cinco)dias no show"Momento 68" da Rodhia e/ tomou conhecimento da passeata atravéz de diversas pessoas, sabendo/ inclusive que seria uma manifestação permitida pelo Governador do / Estado da Guanabara e sabendo ainda que seria uma manifestação revestida de dignidade, pensou então, em ir à cidade juntamente com a espôsa para ver a passeata como éra, sem outra idéia; Lá chegando / constatou ser uma manifestação pacífica aparentemente, pelo menos,/ e ainda a presença de grande número de colegas de profissão, resolvendo então juntamente com sua espôsa reunir-se aos demais artistas, pois seria a grande oportunidade para quebrar a antipatia evidente/ e já demonstrada publicamente nos festivais e outros espetáculos, / que a classe estudantil tinha com a relação ao declarante; participou da passeata num determinado trecho, não permanecendo até o final, porque tinha que ir para o prédio da "Manchete" preparar-se para cum

- Continua -

SECRETO

(Continuação do têrmo de perguntas ao indiciado)

prir o contrato de trabalho acima referido; Na cinelândia longe da aglomerado de pessoas que falavam, faziam discursos, permaneceu sentado no chão conversando com sua espôsa, tendo tomado parte na passeata até à Av Getulio Vargas de braços dados com sua espôsa e de outro com Gilberto Gil, cantando o Hino Nacional; perguntado se apoiava a passeata dos estudantes respondeu que não tinha nenhuma opinião formada sôbre isso, de qualquer maneira prefere ver as ruas em paz; perguntado porque tomou parte da passeata respondeu para, digo, respondeu que para quebrar a antipatia dos estudantes com relação a êle; perguntado se notou na manifestação brados de "abaixo a ditadura Militar", "Verbas", "Reforma Administrativas", "Abertura do Calabouço","liberdade aos estudantes prêsos", respondeu que ouviu pessoas gritarem"abaixo a ditadura","Verbas", não ouvindo outros brados; perguntado se estava de acôrdo com algum dêsses brados respondeu que absolutamente não e nunca pensou nisso, pois sempre teve liberdade total para o seu trabalho e desenvolvimento para a sua música, não entendendo nada sôbre isso; essa passeata não passou de um incidente em sua vida nada significativo para mim; perguntado se conhece ou se já viu Eduardo Coutinho, um cineasta, respondeu que não e nunca viu; perguntado se conhece Leon Hirzman respondeu que conhece muito mal, porque nunca, digo, porque não trava relações com êle; perguntado se em São Paulo tomou parte em passeata ou manifestação pública respondeu que não e nunca viu passeata em São Paulo, a única passeata que viu foi a dos cem mil; perguntado se notou na passeata em que tomou parte uma ação de propaganda subversiva, de incitamento a desordem, respondeu que não notou porque não entende; sôbre o festival Internacional da canção, quando, tomando parte, cantou "É proibido Proibir", disse que realmente foi vaiado e chingado pelo público que se constituia de jóvens, estudantes, revoltando-se e chegou a falar "é essa a juventude que que tomar o poder","vocês não estão entendendo nada" e disse ainda que"êles não tinham coragem de aceitar uma música moderna a não ser um ano depois de seu lançamento" e ainda pediu ao juri que o desclassificasse; perguntado o que quis dizer com a primeira frase acima citada, disse que estava enrraivado e quis atingir o público no ponto que parecia ser a convic, digo, a tendência dêles, isto é: a criação do poder jóvem segundo consta nas revistas e jornais, não tendo outra idéia a não ser isso; acredita que o poder jóvem não existe e nem sabe o que é isso; acredita, digo, pensa que o poder jóvem é uma espécie de modernização de tudo, artes, músicas, teatros; modernização de um modo geral sem saber o que seja realmente; sôbre o documento de fôlha de nº 17 disse que não se lembra de ter assinado tal documento, mas não lembra, digo, /

- Continua -

SECRETO

(Continuação do têrmo de perguntas do indiciado)

mas não nega, por que se lembra de ter assinado alguns manifestos, sem ler, como já foi declarado anteriormente, sòmente tomando conhecimento do documento quando foi lido aqui neste processo; perguntado se nos meses, outubro, novembro e dezembro de 1968 trabalhou como cantor em alguma boate em São Paulo, respodeu que não; perguntado se cantou algumas músicas, em alguma boate extra trabalho, isto é por diversão, respondeu que não, absolutamente não cantei em nenhuma boate em São Paulo, de forma alguma, mas tomei parte em programa de televisão, TV Tupi-São Paulo; perguntado se durante o mês, digo, nos meses de julho, agôsto e setembro, cantou em alguma boate, em São Paulo, respondeu que não, nem mesmo antes, nem durante o ano de 1968, e ainda nunca fiz show em boate ou cantei em boate alguma em São Paulo. E como nada mais disse e nem lhe foi perguntado deu o encarregado desta Investigação Sumária por findo o presente interrogatório, mandando lavrar êste têrmo que, depois de achado conforme, assina com o indiciado as testemunhas 1º Tenente RESPICIO ANTONIO DO ESPIRITO SANTO e 1º Tenente LUIZ LIMA DA COSTA e comigo 2º/Sargento LUIZ CARLOS DE CARVALHO, servindo de Escrivão, que o escrevi.

HILTON JUSTINO FERREIRA
Maj Encarregado da Investigação Sumária

CAETANO EMANOEL VIANA TELES VELOSO
Indiciado

RESPICIO ANTONIO DO ESPIRITO SANTO
1º Ten testemunha

LUIZ LIMA DA COSTA
1º Ten testemunha

LUIZ CARLOS DE CARVALHO
2º Sgt - Escrivão

Caetano toma conhecimento, finalmente, da falsa denúncia que o levou à prisão. O apresentador Randal Juliano, da TV Record, o acusara de deturpar o Hino Nacional nos shows que fizera ao lado de Gilberto Gil e Os Mutantes na Boate Sucata.

O major Hilton também pergunta sobre a Passeata dos Cem Mil e sobre a apresentação do artista nas eliminatórias do Festival Internacional da Canção de 1968, quando cantou "É proibido proibir". Vaiado, Caetano fez um memorável discurso que começava da seguinte maneira: "Mas é isso que é a juventude que diz que quer tomar o poder? Vocês têm coragem de aplaudir, este ano, uma música, um tipo de música que vocês não teriam coragem de aplaudir no ano passado! É a mesma juventude que vai sempre, sempre, matar amanhã o velhote inimigo que morreu ontem".

SECRETO   CISEx
                            00530

TÊRMO DE INQUIRIÇÃO DE TESTEMUNHA

Aos vinte e dois dias do mês de janeiro do ano de mil novecentos e sessenta e nove, nesta cidade do Rio de Janeiro, GB, no quartel do 1º Grupo de Artilharia Aeroterrestre, onde achava o Major HILTON JUSTINO FERREIRA, Encarregado desta Inquirição Sumária, comigo 2º Sargento LUIZ CARLOS DE CARVALHO (3G-256.262), servindo de Escrivão, compareceram aí as testemunhas abaixo assinada, digo, nomeadas, que foram inquiridas sôbre o anexo do Ofício nº2-GET/Bda Aet, de 13 Jan 69, do Exmo Senhor General de Brigada Ch GET/Bda Aet, de fôlhas 45, a qual lhes foi lida, declarando o seguinte: Primeira testemunha - RICARDO BATELLI DO AMARAL, com 29 anos de idade, natural de São Paulo, SP, filho de Jorge do Amaral e de Maria Luiza Batelli do Amaral, casado, comerciante, residente à Av Rainha Elizabeth nº433 Apt 801, Copacabana, rio, GB, depois do compromisso de dizer a verdade, disse que durante a temporada realizada pelo Cantor Caetano Veloso na Boate Sucata, de minha propriedade, não constou da programação prevista para o show o hino Nacional, nem mesmo durante a temporada foi o Hino Nacional Interpretado pelo cantor; assistí a mais de 90 por Cento dos espetáculos da temporada em que o cantor acima referido tomou parte, não tendo ouvido em nenhum deles qualquer canção com referência ao Hino Nacional ou outro Hino Brasileiro; tomei conhecimento, através de um de meus empregados, que houve uma publicação num jornal de São Paulo, Jornal da Tarde, se não se engana, dizendo que contaria, digo, constou de espetáculo uma paródia do Hino Nacional feita pelo cantor em tela, o que muito o declarante ficou admirado bem como todos o funcionários da Boate tomaram conhecimento desse fato; posso afirmar sem medo de errar que o cantor não cantou tal paródia, em minha boate no Rio de Janeiro. E como nada mais disse nem lhe foi perguntado, deu o encarregado da presente Inquirição Sumária por findo o presente depoimento. Segunda testemunha - Luiz Francisco de Lima Mendes, com 23 anos de idade, natural de Belo Horizonte, MG, filho de pai ignorado e de Rosa de Lima Mendes, solteiro, discotecário, residente à Rua Venancio Flores, nº226, Apt 102, Lebon, Estado da Guanabara, depois do compromisso de dizer a verdade, disse que: trabalha na Boate Sucatahá mais de um ano e durante os espetáculos em que tomou parte o Cantor Caetano Veloso, trabalhando como encarregado da iluminação, não ouviu o referido cantor, em nenhum espetáculo, cantar o Hino Nacional deturpado, nem mesmo na sua maneira correta, tendo ficado admirado ao ver num jornal uma notícia refente a êste, digo, êsse caso, tendo até comentado com amigos

- Continua -

Ricardo Amaral, proprietário da Boate Sucata, é convocado a prestar depoimento e nega que Caetano tenha desrespeitado o Hino Nacional.

SECRETO

MINISTÉRIO DO EXÉRCITO

1º GRUPO DE ARTILHARIA AEROTERRESTRE

Rio de Janeiro, GB, 24 Jan 69

Of nº 7/JUSTIÇA

Do Maj Enc Investigação Sumária

Ao Sr Ch do GET/Bda Aet

Assunto: Liberdade Vigiada

ANEXO:- 3 fotos de frente, 3 fotos de perfil, 1 Declaração de/ Bens, 1 têrmo de Inquirição e 1 fôlha de registro de dados.

1. Remeto a V Exª os documentos contantes do anexo, propondo que CAETANO EMANOEL VIANA TELES VELOSO, face as investigações já/ procedidas, seja pôsto em liberdade vigiada.

2. Informo a V Exª que há necessidade ainda em prosseguir com as investigações, faltando receber, êste encarregado da Investigação Sumária, documentos solicitados ao II Ex, por V Exª e por S/Exª Sr Gen Comandante da 1ª DI com relação ao indiciado.

3. O indiciado acima referido é residente à Av São Luiz nº 43 Apt nº 2002, São Paulo, Estado de São Paulo, Telefone nº 34.3500, e no Rio de Janeiro, onde ficará em liberdade vigiada, residirá à / Rua Cupertino Durão nº 26 Apt 201, Leblon, Rio de Janeiro, GB, juntamente com sua irmã Maria Betânia, devendo trabalhar, possivelmente na Phillips.

HILTON JUSTINO FERREIRA
Major Encarregado da Investigação Sum

SECRETO

O major Hilton pede que Caetano seja posto em liberdade vigiada.

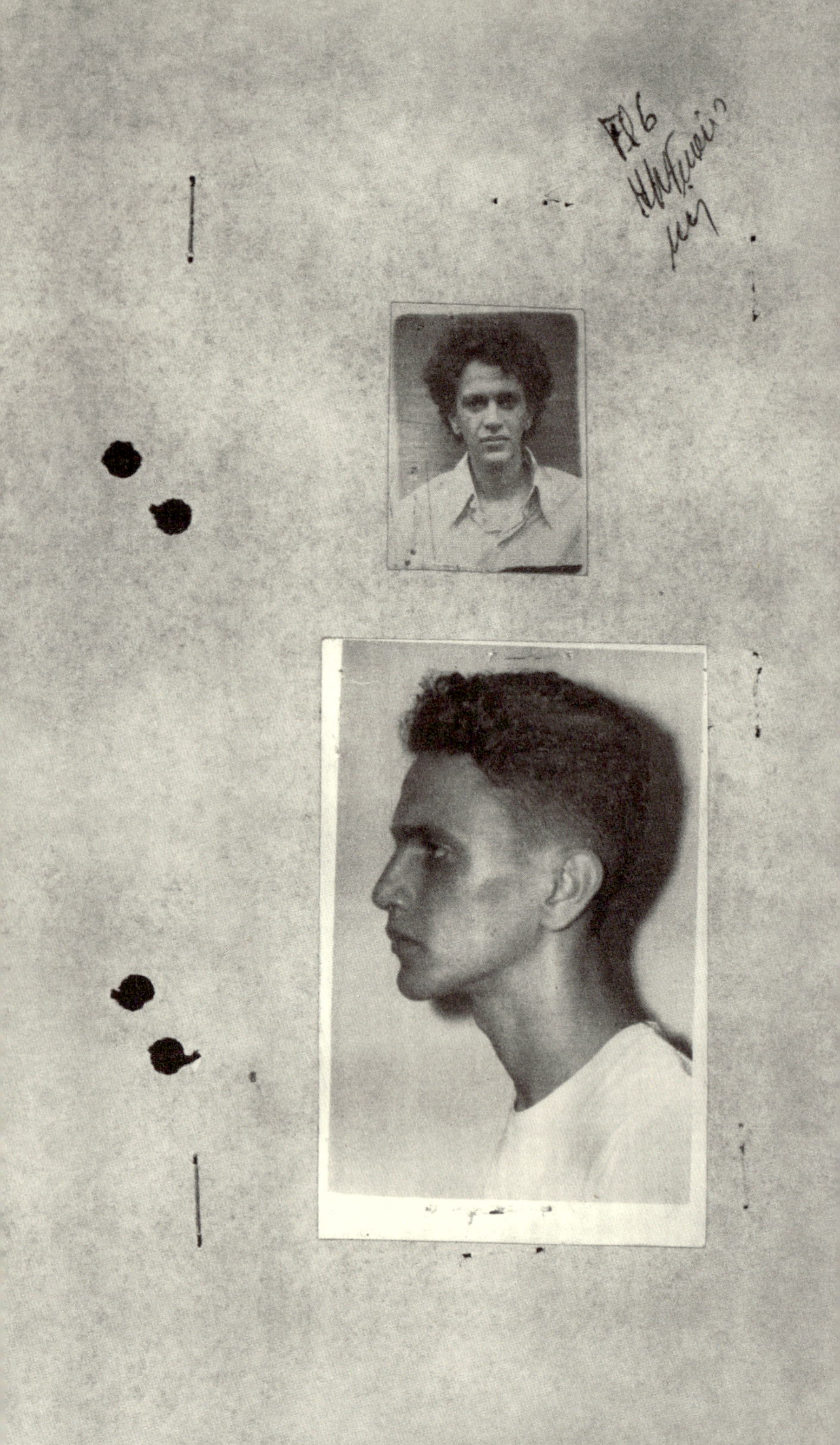
Fl 6

A primeira foto mostra a aparência de Caetano quando chegou à prisão. Um dia, sem explicação, lhe ordenaram que saísse da cela. Com uma arma apontada para suas costas, ele foi conduzido a um lugar ermo. Chegou a pensar que fossem atirar, mas o levaram ao barbeiro. "Fiquei feliz porque não ia morrer, e eu não podia nem demonstrar a minha felicidade", disse na entrevista realizada para o documentário *Narciso em férias*. "Eles cortaram o cabelo como se fosse um soldado. Aquilo era uma coisa simbólica de liberdade, mas eu tava feliz porque não me mataram."

É PROIBIDO PROIBIR

A mãe da virgem diz que não
E o anúncio da televisão
E estava escrito no portão
E o maestro ergueu o dedo
E além da porta há o porteiro, sim.

E eu digo não ao não
E eu digo
É proibido proibir
Me dê um beijo, meu amor
Êles estão nos esperando
Os automóveis ardem em chamas.

Derrubar as prateleiras,
As estátuas, as estantes,
As vidraças, louças, livros sim.

E eu digo não ao não.
E eu digo é
Proibido proibir.

O documento traz as letras de várias canções de Caetano, como "É proibido proibir", "Tropicália", "Enquanto seu lobo não vem", "Baby", "Alegria, alegria" e "Saudosismo".

1ª EDIÇÃO [2020] 2 reimpressões

ESTA OBRA FOI COMPOSTA PELA SPRESS EM TRUMP E IMPRESSA EM OFSETE PELA
GRÁFICA SANTA MARTA SOBRE PAPEL PÓLEN SOFT DA SUZANO S.A.
PARA A EDITORA SCHWARCZ EM JANEIRO DE 2021

A marca FSC® é a garantia de que a madeira utilizada na fabricação do papel deste livro provém de florestas que foram gerenciadas de maneira ambientalmente correta, socialmente justa e economicamente viável, além de outras fontes de origem controlada.